U0018754

情緒重建

運用九種認知技巧，重新和情緒做好朋友

Emotion
Reconstruction

曾旻
——著

推薦序

我們和情緒的關係

——陳海賢（應用心理學博士）

前一段時間，我和一位從事培訓行業的朋友聊天，他希望我推薦一個好一點兒的「情緒管理」老師給他，他想學會管理自己的情緒。我想了想，發現不必介紹老師給他。因為以我的理解，情緒並不需要管理，而且情緒也不會服從管理。

為什麼「管理」這個被用於公司治理的名詞，會和情緒連結在一起，而且被廣為接受呢？

我想，這體現了人們對於控制的某種需要。在情緒管理的背後，展現的是我們和情緒之關係的某種假設：情緒總是會出問題，而這些問題會導致我們做事效率低下，甚至影響生活，所以情緒是需要被管理的。

當我們這麼解釋的時候，已經把情緒，尤其是負面情緒，當作一個需要被處理的「問題」。但事實上，它並不是。

情緒是我們面對現實的一面鏡子，哪怕讓我們感覺不好的負面情緒也是。焦慮提醒我們危險可能到來，悲傷讓我們跟別人產生更緊密的聯繫，羞愧強化我們心中的道德信念……如果照鏡子的時候，你看到鏡子裡自己的臉上有一塊污漬，你會去擦臉，而不會去擦鏡子。可是對於情緒，我們卻總是傾向於控制它，好像它反映的不是我們現在生活的某種境況，而是它本身就有問題。如果你不是把情緒當作一個信號，而是當作一個問題，那無怪乎你需要管理情緒了。

有時候，我們跟情緒的關係比情緒本身更重要。就像馬克．威廉姆斯（Mark Williams）在《穿越抑鬱的正念之道》中描述的：持久和反覆憂鬱的首要問題，並非是「感覺憂傷」。憂傷是一種自然的心理狀態，是人類與生俱來的一部分。總想著摒棄憂傷，既不現實，也不可取。一旦憂傷來襲，接下來會發生什麼？可見問題並不在於憂傷本身，而在於我們面對憂傷的心理反應。

這是一本講情緒的書，但是它的重點不是強調對情緒加以管理，而是告訴我們，也許可以透過構建一種與情緒的新關係，讓情緒變成能使我們更好的一部分，就像一個媽媽能夠溫柔對待自己的孩子一樣，哪怕孩子哭鬧、傷心、發脾氣，也要與孩子溝通，以建立和諧的親子關係。

關於情緒，作者是這樣寫的：「情緒是沒有好壞、對錯之分的，它是一種面對外部刺激而產生的內在心理過程，它的產生就像我們看到黑板時感知到黑色一樣自然。它在主觀體驗層面上的細微差別，是由我們每個人的獨特性所決定。所以，評價一個人是否應該產生某種情緒，是一件很荒謬的事情，但人們卻熱衷於此。」

在這本書裡，作者用通俗的語言解讀了心理學對情緒研究的成果，希望透過自己的思考給讀者帶來一種對待情緒困境的新方式。如此一來，在更貼近情緒的本質同時，還能夠給面臨情緒困擾的你，帶來一些幫助。

這本書吸引我的地方在於，面對情緒，它摒棄了「掌控」和「消除」這兩種處理方法，展現出了更人性化的態度。作者對於情緒的思考更是擴展到情緒之外，這展現在本書最後三個頗有意思的小故事中。

情緒起源於人際關係，情緒的困擾同樣離不開對人際關係的理解。所以對人際關係原則的探討，可以幫助我們理解情緒困擾的起源。本書列舉了在人際關係中經常困擾人們的情境，分析這其中蘊含了存在主義哲學的思想，語言生動，不晦澀。

這是一本有深度的通俗讀物，相信它能夠伴隨你度過情緒低落的日子。

二〇一八年六月五日

自序
走上情緒成熟的旅程

二〇一七年的國慶日長假，我沒有加入朋友圈攝影大賽的火熱比拼中，而是乖乖地待在北京，看了幾場中國網球公開賽。

隨著時間的推移，當年熟悉的「網球四大天王」已經是往日雲煙，當今球場上飛奔的大多是陌生的「九〇後」面孔。男子單打更是新人輩出，由迪米特洛夫（Grigor Dimitrov）、基爾喬斯（Nick Kyrgios）等一群「九〇後」為主力，最年輕的茲維列夫（Alexander Zverev）竟然是一九九七年出生的。還好，納達爾（Rafael Nadal）依然堅守著「八〇後」的陣地，一路打到決賽。他的對手是基爾喬斯，一個「九〇後」的小伙子——我是在比賽前用手機上網查詢，才認識他的。

在我的印象中，當時處在狀態巔峰的納達爾只有可能被費德勒（Roger Federer）和喬科維奇（Novak Djokovic）擊敗。可是在這場比賽的一開始，這個「九〇後」小伙子給納達爾製造了相當大的麻煩，前兩局他們就打了三十分鐘。我翻了翻手機新聞，發現兩人的歷史對戰紀錄是兩勝兩敗，打成平手。

儘管在這場比賽的最後，基爾喬斯輸了，但是我看到他連續的ACE發球直接得分和無解的正手抽球，而在如今的納達爾身上，年輕時的活力和激情已經沒有那麼明顯。可是每到關鍵球上，基爾喬斯總會丟分，顯得很不穩當。而且在丟掉關鍵的一、兩分之後，他開始不滿周圍的一切：向主裁判抱怨，責怪球童，摔球拍，頻頻搖頭表示自責，甚至在他打出一個絕妙的制勝球之後，他也沒有露出自我鼓舞的表情或揮臂慶祝，依然是頻頻搖頭，彷彿在說：「唉，這個破場地，要打一個好球太不容易了。」他甚至在第一盤，對方手握盤點的情況下，接發球的第一拍主動往前上網，這種典型的自暴自棄行為，淋漓盡致地展現出他的情緒起伏不定。

反觀老將納達爾，在整場比賽中穩如泰山，不動聲色地頻頻拿分。穩定的情緒是納達爾反敗為勝的武器。

這場比賽讓我深刻地體會到，在高手對決中，良好的情緒調節能力是超越技術和能力的關鍵要素。儘管年輕的基爾喬斯看起來很強，也曾擊敗過納達爾，可是這次，他的情緒讓他輸掉了比賽。賽前非常支持納達爾的我，在賽後感到一絲遺憾，是替基爾喬斯的情緒失控感到遺憾。在這種遺憾裡，我彷彿從這個年輕人身上看到過去的自己。我相信很多人在年輕的時候都有過這樣那樣的感嘆，感慨自己懷才不遇或命途多舛，很多糟糕的事情發生在我們頭上，讓我們無從選擇。而實際上，面對命運的挑戰，我們可以掌握主動權。只有經歷過風雨，像納達爾那樣成熟之後，才能做到輕鬆挽救賽點，絕地反擊。所以，當我們回頭想想曾經遇過的困難，就會發現很多時候是自己被自己的情緒打敗了。

情緒，讓我們既愛又恨，究竟要如何掌控它，才能將命運掌握在自己手裡呢？本書將帶領讀者開啟幫助自身情緒走向成熟的旅程，解析情緒打敗我們的原因，並瞭解調節情緒的制勝武器。

本書名為《情緒重建》，它不同於流行在市面上的「情緒管理術」書籍，在某種程度上，我反對以管理和控制的態度面對情緒。這本書能夠帶給你的是一種新的態度和價值，能夠讓讀者從豐富多彩的情緒體驗中，獲得更深刻的人生領悟，走向更豁達、更開放、更深邃的人生境界。

很多時候，困擾人們的並不是負面情緒本身，而是對待情緒的態度和行為。能否與負面情緒保持良好的關係，是情緒調節的關鍵，本書將給讀者帶來多種非常實用的、操作性強的方法，讓讀者在面對生活中的逆境時，學會和負面情緒友好相處。同時，書中的諸多案例能夠幫助讀者好好理解人和情緒關係的本質，以及在這種關係下，採取哪些態度可以更好地運用情緒調節的方法。

希望本書帶你開啟一段旅途，而旅途的終點，就是你情緒成熟的時刻。

目次

推薦序 我們和情緒的關係 003
自序 走上情緒成熟的旅程 007
第1章 重新認識情緒：最熟悉的「陌生人」 015
舞！舞！舞！：情緒的行為表達 019
主觀體驗是情緒的核心 023
綻放的多巴胺：情緒的生理機制 027
第2章 情緒功能失調的六大要素：讀懂你的情緒困擾 031
經驗性迴避：我們感知不到自己的情緒 034
捉摸不透的主觀體驗 047

情緒本該如此，可是你不願接受　055
衝動行為：最明顯的「情緒失控」　067
缺乏情緒調節的策略　072
情緒困擾侵蝕了意志力，讓人無法堅持目標　098

第3章　與情緒為友，學習適當的調節方式　103

內疚與自責：「你錯在哪兒了？」　106
如何表達你的憤怒　119
接納情緒：把情緒當作流動的液體　127
重新對事物進行積極的評估　139
轉移注意焦點，關注事物的積極面　154
向下比較：「不幸中的萬幸」　167
焦慮讓我什麼事都做不了　181
反芻思考：主動思索，化被動為主動　193
停止「全部都完了」的思維模式　206

第4章　情緒之外的三個故事：人際關係是情緒困擾的起源　217
「讀心術」猜想　219
真心話大冒險　226
孤獨與控制　231
附錄：情緒詞表　237
1 基本情緒　238
2 複合情緒　245
3 疊加情緒　264
4 未定性情緒　266

第 1 章

重新認識情緒

——最熟悉的「陌生人」

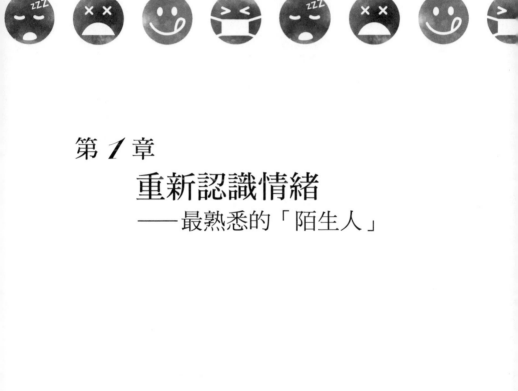

情緒是什麼呢？情緒是一系列主觀體驗的通稱，它是由多種複雜的感覺、思維和行為表現，所綜合組成的生理與心理狀態。在日常生活中，我們很少直接使用「情緒」這個詞，而是用一些更口語化的詞語來表達類似的含義，例如：「感覺」、「心情」、「情感」等。不開心的時候，我們常常會說「今天心情很糟糕」或者「我感覺很難過」，而不會說「我的情緒不太好」或者「我有難過的情緒」。

但是，「感覺」、「心情」和「情感」這些詞彙所表達的含義，與情緒略有差異。正如上述定義，情緒是一種由感覺、思維和行為表現，所綜合組成的生理和心理狀態，在這個定義中有兩組關鍵詞，一組是「感覺、思維和行為」，一組是「生理和心理」。

換句話說，情緒不是單純由某個事件引發的，而是包含感覺、思維和行為的綜合產物，而且情緒不僅是單純的心理狀態，還是一種生理狀態。而「感覺」所表達的含義是個體的主觀感受，它是一種心理狀態。口語中的「心情」所對應的英文翻譯是「mood」，在心理學中我們常常叫作「心境」，它所表達的含義是：一種微弱但持久的、使個人體驗到感染某種色彩的情感狀態。換句話說，「心境」就像是背景音樂，它做為情緒的基調，持久而穩定地存在著，但我們卻時常忽略它。「情感」是一個更加籠統的概念，有時候，我們用它來表達「愛」、「恨」，這種人與人之間的情感，有時候我們又將它等同於「情緒」來使用。

從「情緒」的定義中，我們不難發現情緒包含以下三個成分：

情緒的表層 → 行為表達

情緒的核心 → 主觀體驗

情緒的機制 → 生理喚醒（反應）

其中，最容易讓我們產生困擾的部分，是情緒的「主觀體驗」。因為主觀體驗的個人化，使得不同人面對同樣的情境時會有千差萬別的主觀體驗，所以即便我們得出一個標準的公式，也很難從和他人比較的過程中，找到一個解決問題的答案。這令我們感到困惑，進而產生許多情緒困擾。

接下來，我們分別來看看情緒的這三個成分。

舞！舞！舞！情緒的行為表達

人們會透過各種行為來表達自己的情緒，表情符號是最直接的體現。典型的例子是現在我們每天都會用的表情圖案。這些簡單易懂的小圖示，形態各異，但每一個都非常明確地用一個臉部表情展示一種或多種情緒。甚至有些網友認為，表情圖案已經成為一種「世界語言」。

但這種表情和情緒並不是一一對應的關係，一種表情常常存在著多種解讀，這也是表情圖案會如此流行的原因。它給了充分的容錯率，讓我們可以隨意表達自己，既期待對方正確解讀，又可以避免因對方不接納自己的情緒而帶來的尷尬。

二〇一五年，一個表情圖案風靡全球，它意味著「笑得眼淚都出來了」，這個表情也成了二〇一五年頭號流行表情。至今，很多人對這個表情依然愛不釋手，每天不發幾個「笑得眼淚都出來了」的表情，似乎無法展現其豐富的內心世界。當感到非常搞笑的時候，感到無可奈何的時候，感到有些惱惱想要罵人的時候，自己因小失誤有些尷尬的時候，一個「笑得眼淚都出來了」的表情圖案可以表達我們此時此刻內心的想法。

有時更複雜的情緒，會體現在我們的身體姿態和動作上面。

他腳踏地面，優雅地轉動雙臂。一個動作引發下一動作，又自動地帶起另一個動作。肢體描繪出若干圖形，其中有模式、有變化、有即興。節奏背後有節奏，節奏之間又有看不見的節奏。他可以不失時機地將那些紛繁多變的組合盡收眼底。各式各樣的動物如變形圖一樣潛伏在森林裡，甚至前所未見的可怕猛獸也在其中。不久他將穿過森林，但他已無所畏懼，因為那是他自身的森林，是形成他本身的森林。野獸是他自身的野獸。

——《神的孩子都在跳舞》／村上春樹

在傳統觀念裡，舞蹈是非常具有儀式性的。從遠古時期，人們對大自然感到敬畏之時起，跳舞就是超越語言的一種表達。在很多宗教祭祀的儀式中，舞蹈都是不可或缺的部分。它表達了很多不可言說的情緒，既有人們對於未知的恐懼，又有人們對於神的敬畏和祈禱等。到現代，舞蹈依然是一種表達內心感受的肢體語言，人們透過跳舞產生連結，互相表達友好或欣喜。甚至，在心理治療領域，對於一些很難覺察自我情緒、無法用語言表達情緒的患者來說，舞動治療是一種很好的治療方法，他能透過身體的舒展，瞭解自身的主觀感受。

身體姿態和動作也反映著人自身的情緒狀態。有時候，言語之外的非語言資訊能傳遞更豐富的資訊，動作的細緻和微妙之處，有時比語言更能準確地反映出情緒情感的微妙之處。身為諮商心理師，我在受訓過程中常常聽到這一句話：「不要只聽對方說什麼，而是要聽對方怎麼說。」這也是在告訴我們，超出語言之外的細微動作與姿態，往往反映了更隱祕的內在體驗。

由於社會贊許效應，人們不希望在他人面前展現出不光彩的一面，因而經常會口是心非，但無意識的動作與姿態會出賣自己。在諮商課的訓練中，有一個作業叫作「觀察練習」：一方面觀察人們在互動中的語言表達，並在觀察對話進行的過程中，理解人們話裡有話的部分；另一方面則是觀察人們的動作、姿態和語氣語調，這部分有助於加深我們對人類情感的豐富性的理解。因為在日常對話中，人們很少表達「我很開心」、「我喜歡你」等直白的情緒狀態，而是透過一些不經意的動作、姿態和表情來展現自己的情緒狀態，這種觀察能夠大大提高我們的敏感度。

有一種說法叫作「你的情緒都寫在臉上了」，這並不是說臉上寫了這幾個字，而是說人的表情、姿態和動作，能夠非常直觀地反映出自己的情緒狀態。所以，表情、姿態、動作和情緒的聯繫是非常緊密的。

主觀體驗是情緒的核心

主觀體驗是情緒的核心，也是最抽象和難以捉摸的部分。

「最最喜歡你，綠子。」

「什麼程度？」

「像喜歡春天的熊一樣。」

「春天的熊？」綠子再次揚起臉，「什麼春天的熊？」

「春天的原野裡，你，一個人正走著，對面走來一隻可愛的小熊，渾身的毛像天鵝絨，眼睛圓鼓鼓的。牠這麼對你說：『你好，小姐，和我一塊兒打滾玩好嗎？』接著，你就和小熊抱在一起，順著長滿三葉草的山坡咕嚕咕嚕滾下去，整整玩了一天。你說棒不棒？」

「太棒了。」
「我就這麼喜歡你。」

——《挪威的森林》／村上春樹

如果缺乏想像力，人是很難透過大腦觸碰到情緒的核心的。村上春樹的這段文字被廣泛傳播，正是因為它用想像力彌補了語言的空白和乏力，將一種情緒描述得極具畫面感。人的每一種情緒都不是毫無來由、毫無根基的，它們可以透過描述情緒產生的過程或畫面，讓別人看到。

在美國影集《捫心問診》（*In Treatment*）的第二季中，有一個場景令我印象深刻。來訪者米亞向心理治療師保羅講述她和父親過去的事情。米亞的父親開了一家小超市，每天早上上學之前，米亞會早早地來到超市裡，和父親一起喝一杯咖啡，然後再去學校。有一天，米亞在清晨的陽光中悠然地享用那杯充滿父愛的咖啡，父親在收銀臺清算今天的帳目。這時一個搶匪突然闖進來，拿著槍指向米亞的父親，兇惡的眼光直盯著收銀臺裡的鈔票。米亞的父親異常冷靜地說道：「這是我辛苦賺來的錢，不能給你。」語氣非常堅定。搶匪見狀，目光環顧四周，發現了角落裡的米亞，隨即將槍口指向米亞，說：「這是你女兒吧？」沒等搶匪再次開口，米亞的父親就將收銀臺裡的錢清空，全部給了搶匪。米亞回憶起那一幕，仍清楚地記得，那是一個星期五，是一週中收銀臺裡鈔票最多的一天。

這個故事裡令我印象最深刻的一個細節是，米亞用來描述父親將錢全部給搶匪時所用的動詞「清空」。這個詞激發了我的想像力，腦子裡浮現的是一個原本淡定從容、毫無畏懼的男人，突然變成一個驚恐萬分的父親，他哆嗦嗦卻又快速地將收銀臺裡的錢一把把掏出來，全部裝進搶匪的袋子裡。

這一段全部是米亞用語言向心理治療師描述的，可是在我的腦子裡卻形成了豐滿的畫面和故事，最終形成深刻的印象——就是這種感受！這種被一個人無條件地、充分地、深沉地、願意為之付出一切地愛著的感受。這就是我內心深處一直渴望的東西啊！

我在做心理諮商的時候，常常遇到來訪者不知該如何形容自己的情緒，有時候是因為情緒太過強烈，他們不敢面對，所以一直以壓抑和迴避的姿態去對抗它，久而久之就導致自己無法覺察了；有時候，他們能夠斷斷續續地以探索的姿態捕捉一些模糊的詞語：難過、痛苦、傷心、緊張、焦慮，可是這些乾癟的詞語後面什麼都沒有。那些情緒背後的畫面和情境，往往是情緒產生的癥結，也是捕捉情緒的關鍵，可是人們卻常常將它們遺忘。

綻放的多巴胺
情緒的生理機制

隨著科學研究的發展、科學知識的普及，多巴胺（dopamine）、荷爾蒙等詞已經成為大眾流行詞語。人們開始認識到，情緒、感受背後的機制是一連串荷爾蒙的調節作用。例如，我們籠統地認識到，多巴胺的分泌代表著快樂、愛等積極情緒，如果多巴胺分泌不足，可能出現憂鬱傾向。同類型的荷爾蒙還有血清素（serotonin）、去甲腎上腺素（Norepinephrine）等。

另一個與情緒相關的內分泌系統叫HPA軸（下視丘－垂體－腎上腺軸），它涉及的是緊張、壓力與放鬆之間的關係。正是由於情緒的產生機制中包含著生理機制，所以不能夠單純地把情緒障礙看作是「心情不好」，特別是嚴重的憂鬱症、焦慮症等問題，目前最佳的途徑依然是在專業的醫療機構尋求藥物治療，從生理機制上解決負面情緒無法停止的問題。

情緒的生理機制是一個複雜的議題，它包含中樞神經、週邊神經以及荷爾蒙調節的各個方面。情緒不僅是外部刺激的一個心理反應，還包含身體的生理變化。這印證了一句老生常談的話：身心健康是一體的。我們既要學會調節情緒，也要懂得照顧好身體。良好的生活習慣是身心健康的重要因素。

最典型的例子是當人們睡眠不佳時，情緒容易變得糟糕，人們常常會感覺煩躁、焦慮、注意力不集中、情緒低落、頹廢等。很多尋求心理諮商的來訪者，談論的第一個症狀是說自己正遭受失眠的困擾。

這個現象非常有趣，有些人並不是因為先感覺心裡痛苦所以需要解決，而是因為先感覺到了身體上的不適，認為是心理因素導致的，才來尋求心理幫助。但是他們漸漸會發現，有時候心理上的困擾，比如糟糕的情緒狀態、混亂的意識狀態或認知狀態，才是問題產生的根本原因。

所以當人們感覺到情緒糟糕時，往往身體上也會有反應。在正念訓練中有一套練習叫作「身體掃描」，是用全部的注意力去掃描全身，感知身體每一個部分的感受。我在練習的時候，有時候感覺頭部有些脹痛，有時候感覺腰部有些痠痛。不同身體部位的不適，與當時的情緒狀態或多或少存在著某種關聯。

第2章

情緒功能失調的六大要素

——讀懂你的情緒困擾

美國心理學家格拉茨（Kim Gratz）與羅默（Lizabeth Roemer）在二〇〇四年的一項著名研究實驗中，提出了情緒調節的功能模型。

他們探討了情緒可能會出現的各種功能失調現象，換句話說，就是探討情緒到底如何打敗了我們。

最終他們發現以下六個主要原因：

1. 感知不到自己的情緒。有些人經常使用迴避、否認或壓抑的方式來對抗情緒，久而久之對外部的刺激會變得麻木，因此無法感知到自己的情緒狀態。

2. 對情緒的產生與發展缺乏認知。很多時候，情緒的產生非常強烈且直接，能夠在瞬間擊垮人們的理性，因此有些人還沒來得及去思考情緒的產生和發展，就已經陷入了糟糕的境地，難以解脫。

3. 不能接納當下的情緒。這是絕大多數被情緒困擾的人所經歷過的一種體驗，正是由於想要「解決情緒」，反而使自己陷入「情緒困擾」

之中。

4. 在強烈的情緒波動中，無法控制自己的行為，出現失控的表現。
5. 缺乏有效的情緒調節策略。
6. 糟糕的情緒使人們無法堅持目標。

經驗性迴避

我們感知不到自己的情緒

1 三種來訪者

二〇一五年末，我在一家心理諮商機構工作。最初，我每週都會接兩、三個小時的線上諮商，這是該機構主推的業務。原本我不太相信可以在線上做心理諮商，可是隨著網路的普及與發展，人們的交流方式發生了極大的變化，越來越多的線上心理諮商模式開始出現，我也抱著嘗試的心態體驗了一下。

線上諮商的實惠價格和非接觸性交流的私密感等優勢，吸引了大量處於情緒糾結中的人下定決心來做心理諮商。這種線上服務模式促使人們對心理諮商的認知發生轉變，不再擔憂、恐懼和排斥心理諮商。在消除了對心理諮商的恐懼和排斥之後，諮商心理師才可以幫助來訪者深入地探索自己的內心世界，緩解他們的情緒困擾，幫助他們獲得個人的成長。

根據資料統計，我發現持有「如果沒有更糟糕的命運降臨，永遠都不可能來做心理諮商」的態度的人數，所占比例很大。這些人大多選擇獨自面對自己內心的痛苦和困擾，也因此讓自己一次次地陷入糟糕的選擇中，且無能為力。

曾經不只一位來訪者這樣說：「這是我第一次跟別人說這件事情。」當我問他們，把那些令你困擾的事情說出來之後是什麼感受，大多數人會說：「沒有想像中的那麼困難，也沒有遭遇不好的結果。可是如果沒有這個機會，我可能依然會選擇不把那些事情和感受說出來，而且繼續放任它們困擾自己。」

在我所接觸的來訪者中，有一半以上的人都會陷入以下類似的情況中：

第一種情況，當我邀請來訪者盡可能完整地表達自己的情況之後，五分鐘過去，對方沒有一句回應。又過了三分鐘，突然一條特別長的文字消息被發送了過來，大概有一篇高考作文那麼長。在我花三、五分鐘去閱讀這篇以「我的心理問題」為題的「高考作文」時，來訪者會說：「這就是我現在的困擾，請老師給我一些建議吧，你覺得我應該怎麼辦？」或是「老師，你覺得我這麼做對嗎？」來訪者以學生的姿態，希望我能夠給這篇作文打分數，並提出修改建議。

第二種情況，來訪者一句一句地描述自己遇到的事情或負面感受，並講述對來源的思考和判斷。在這個過程中，我嘗試深入理解對方的感受，盡量向他傳遞同理心。但當我用問題逐步引導他們到達一個比較「關鍵」的核心問題時，他們卻會說：「今天太累了，不想說了。」

最難應對的是第三種情況，儘管這類情況並不常見。來訪者不是以學生的姿態「尋求建議」，也不會保持耐心和我交流，而是以考官的姿態給我拋出一個「命題作文」，讓我用我的專業來回答他，比如：「老師，有拖延症該怎麼辦？」「老師，失戀了該怎麼辦？」很多人都會對自己的心理困擾進行「概念化」，這種概念化可能是從哪裡聽到的一個「專業詞彙」，或是一個通俗的界定。他們會非常確信，自己就是這樣的——「我就是得了拖延症，所以成了現在這樣。」當我詢問具體情況的時候，他們往往拒絕回答：「你別問我行不行？我不知道。你就回答我該怎麼辦就行了。」

以上三類來訪者，雖然表達方式不同，卻有同一種解決問題的模式，我們總結為「經驗性迴避」（Experiential avoidance）。

第一類來訪者直接迴避了感受和情緒，他們往往侃侃而談：「你看，我過得多麼慘！」「我經歷了多麼糟糕的事情！」「我是困在這個僵局裡了，沒有辦法」，所以「你告訴我該怎麼辦吧」。而當你去問他們，「這些事情給你帶來了什麼？你的感受和體驗如何？」的時候，他們往往很難回答。

第二類來訪者的迴避行為較為隱性，因為他們可以和你談一些自己的感覺、情緒和體驗，但是在他們的心中，有一些「核心議題」是不能觸碰的。

至少在普通的關係裡，他們沒有打算敞開心扉。面對這種情形，諮商師應該引導來訪者去觸碰一下，讓他感覺到那種害怕與迴避。這是很有意義的，因為此舉或許能在他們內心種下種子，待日後多次遭遇「核心議題」時，他可能會有動力去看一看內心，思考自己一直在迴避的是什麼。

第三類來訪者的狀況則比較糟糕，他們往往在現實中很難有親密關系。因為對於談起自己，他們是完全迴避的狀態，在他們的概念中，「自己」是絕對糟糕的，如果把這樣的「自己」展示出來是極度羞恥的。他們有一個「概念化的自我」：「我是一個失敗的人」、「我是一個令人討厭的人」等。這個「概念化的自我」會截取生活中符合其概念的經驗，而忽視例外的情況，他們只是極力想從概念和問題中找到改變自己的方法。對於這樣的來訪者，諮商心理師所能做的只是鼓勵和支持他這份「改變自己」的勇氣。

2 對經驗保持開放的心態

在電影《心靈捕手》（*Good Will Hunting*）中，有一段震撼人心的對話，發生在心理治療師西恩和來訪者威爾之間。

在他們第一次治療時，威爾選擇重複以往的交流模式，他透過尋找治療師西恩的弱點，來攻擊他。威爾選擇了診療室裡的一幅畫，畫中描繪了西恩在妻子過世後的孤獨生活，威爾對這幅畫評頭論足，因此惹火了西恩。但西恩並沒有迴避自己的憤怒而轉身離開，反而把這份憤怒直接表達出來，他掐住了威爾的脖子並警告他。同時，西恩內心還有很多體驗，他都沒有迴避，而且在他們第二次見面時表達了出來：

> 我在想你批評我的畫的事情，經過大半夜的思索後，我突然想到一件事，接著就沉沉入睡，不再想你的事情。你知道我當時想到什麼嗎？你只是個孩子，你根本不知道你在說什麼。

因為你沒離開過波士頓，所以我問關於藝術的問題，你可能會提出一些粗淺的論調。有關米開朗基羅你知道很多，包括他的所有作品、政治抱負、他和教皇、他的性傾向，對嗎？但是你不知道西斯廷教堂的氣味，你從沒站在那兒觀賞美麗的天花板。而我看過。

如果我問關於女人的事情，你八成會說出自己的個人偏好，你可能上過幾次床，但你說不出在女人身旁醒來那種幸福的滋味。

你是個倔強的孩子。

我問關於戰爭的問題，你會引用莎士比亞的話：「共赴戰場，親愛的朋友。」但你從未接近過戰爭，從沒把好友的頭抱在膝蓋上，看著他向你吐出最後一口氣，向你求救。

若我問你關於愛情的問題，你會引述十四行詩，但你從沒看過女人溫柔的一面，她能用雙眼擊倒你，感覺就像是天使為你下凡，她能把你從地獄中拯救出來。你無法擁有對她的愛直到永遠，並且經歷任何事，經歷癌症。你無法體會在醫院裡躺兩個月，握住她纖纖小手的感覺。因為醫生從你的眼神中就能看到，病房會客時間的規定對你來說是無效的。

你不瞭解真正的失去，只有當你愛別人勝於愛自己時，才能對此有所體會。我懷疑你不敢如此地愛他人。看到你，我沒看到聰明自信，我看到一個被嚇傻的狂妄孩子。但是，你是天才，威爾，沒人可以否認這一點，沒人能瞭解你的深度，但你看了我的畫就認定瞭解我，你把我的人生撕裂了。

你是孤兒，對吧？你想，我會知道你的日子有多苦，你的感受，你是誰，是因為我看過《孤雛淚》嗎？這太簡化你的經歷了。我不在乎，因為你知道嗎？我對你無從下手，我不能靠任何書籍認識你，除非你想談你自己，談你是誰。那樣我會對此著迷，我願意投入進去，但你不想這麼做，對嗎？你怕你會被自己說出來的話嚇到。

「經驗性迴避」的人和威爾相似，他們在與身邊人相處的時候，有很多體驗是不願意談論的，因為「怕會被自己說出來的話嚇到」。

他們不去接觸那些經驗，也不讓別人看到那部分的經驗。可是，就算心裡壓抑，身體卻會記住。電影裡，威爾隱瞞著童年時期被虐待的經歷，成年後他會打架鬥毆，會以報復和攻擊來滿足快感，但即便如此，他仍然不知道自己內心真正追求的是什麼。他不敢去愛人，也不敢去和他人建立親密的關係。這些行為的選擇不是大腦能夠理解的。

當迴避和壓抑讓人們遺忘了那些經驗中豐富的細節和強烈的情緒體驗後，在遭遇新的困境、面臨類似的場景時，人們將感到困擾、疑惑。因為無法感知自身的情緒，或者腦子裡僅有幾個抽象的詞彙，人們會感到茫然失措，不知為何自己的感覺會如此糟糕。

所以，「對經驗保持開放」可能是更健康的心態。無論是對過去的經驗，還是對未來的經驗，都可以保持開放。過去的經驗可以談起，因為那是形成當下自我的原因；未來的經驗可以迎接，因為無論是好是壞，都是自己的選擇。

3 經驗性迴避會導致情緒崩潰

之所以說經驗性迴避是一種情緒調節的功能失調，是因為人們懼怕負面情緒的糟糕體驗，而拒絕去面對情緒的主觀體驗，甚至不承認自己有這樣的情緒狀態。可是意識層面的否認和拒絕，會使情緒感受潛伏起來，並且會在某些時刻突然襲擊當事人，令人措手不及。

我時常會和失戀的來訪者說：「不經歷充分悲傷的過程，人們就無法從一段感情中走出來。」有些人在失戀後，會從一開始就處於經驗性迴避的狀態中。最初是在意識上否認這段經歷，認為這個結局只是雙方的一場誤會，對方終究會回來找自己的。

但隨著時間的推移，這種認知開始站不住腳，他們不得不看清這個事實，但在情緒體驗上依然不去面對它。有些人會說：「對方可能只是不願意主動找我，我還有機會。」雖然有些時候，人們確實會因為誤會而分手，也可能是因衝突而分手，而且的確有再次復合的可能，但是這並不意味著，在分手後的那些日子裡，人們的處境沒有變化。所以，堅信自己有機會的人，會使用情感麻木的戰術，讓自己在此後的很長一段時間中，不去觸碰自己的情感細胞。

可是，失戀後情感麻木的人，往往會在一段時間後難以抵擋悲傷的洪流，防禦的大壩會在某一刻轟然倒下，他們也因此陷入情緒崩潰的境地。比如，有些人會在週年紀念日，一個人回到家，在孤獨中情緒崩潰；有些人會因某一天不經意翻出了過去的紀念品，突然情緒崩潰。總有一些點會觸發我們悲傷的神經，若我們堅持迴避，情感的創傷就永遠難以癒合。

所以，在電影《心靈捕手》的最後，心理治療師西恩終於突破了男主角威爾的心理防線，他不斷重複著「那不是你的錯」這句話，將男主角逼到牆角，讓他不得不去面對自己曾經經歷的童年被虐待的情緒創傷。當威爾在診療室裡失聲痛哭之後，也從此獲得了新生。他不再是那個玩世不恭、放縱自我的孩子，他開始學會珍惜自己的情感，影片以他開車追尋自我幸福的畫面做為結尾，令人動容。

迴避的極端情況是完全無法表達自己的情緒。哈佛大學精神病學家彼得·希弗紐斯（Peter Sifneos）博士在一九七二年，首次提出了「述情障礙」（Alexythymia）這個概念。隨後的研究顯示，它不是一種獨立的精神障礙，臨床心理學家把它視作一種人格特徵或者各種精神障礙的繼發症狀。述情障礙之所以被臨床心理學者注意到，是因為有心理治療師在工作中發現，有些患者無法用分析性的治療方法來治療，他們會聲稱自己沒有感覺。

但在隨後的研究中有人提出，具有述情障礙的患者並不是沒有情緒體驗，而是他們不會表達，尤其是不會用語言準確地表達自己的感覺。他們完全不具備情緒智商的基礎技能，也就是意識到情緒的發生。

具有述情障礙的患者很難被治療，因為他們對於自身情緒產生和變化的感知能力很差，而情緒這種主觀變數，往往需要當事人靠自身的感受來獲得。患者常常出現諸多行為上的問題，卻無法報告出任何情緒上的變化，因此從患者心理上去分析並解決問題，就變得異常困難。

迴避不僅意味著我們的力量弱小，難以勇敢地面對巨大的情緒衝擊，還可能導致情緒感知能力越來越缺乏。這種情緒感知能力的缺乏，是導致情緒功能失調的第一個要素。

捉摸不透的主觀體驗

1 令人捉摸不透的情緒

曾經有一位來訪者，在換了好幾個諮商心理師之後來找我。面對這樣的來訪者，我常常會更加謹慎。我詢問對方換心理師的原因，她向我詳細講述了她對上一個心理師感到失望的細節。

她對上一個諮商心理師講述了她和父親的關係，談到自己一次次想要從父親那裡獲得關心的經歷：有一年國慶日，她想要回家，又期望父親能夠主動詢問她是不是要回家，這樣她就可以很高興地告訴對方，她會回去。可是，直到九月三十日晚上十一點多，父親依然沒有詢問她，甚至都沒有聯絡她，連一則問候她國慶假期去哪兒玩的訊息都沒有。這令她感到失望，於是她在十一點五十分時，退掉了好不容易搶到的隔天早上的返家火車票。當她談到這裡的時候，她的上一個諮商心理師說：「你一定感到很難過吧？」

我聽到這裡，覺得這完全沒有問題，可能大多數人面臨此情此景時都會感到難過。可是她搖搖頭，說諮商心理師的回應令她失望至極，因為她一點都不難過，而是感覺到異常的輕鬆。她描述那種感覺，就好像是在南方期待了好多年的一場雪，終究沒有落下，期待的過程是無比辛苦和令人疲憊的，當自己終於放下期待時，內心裡沒有難過，只有輕鬆。她感覺到，上一個心理師使用自己腦子裡的模型來看待她，彷彿認為她只是一個模型而已，不是一個活生生的人。很多時候她都有類似的體驗，便炒掉了那個心理師。

這次的諮商讓我對於主觀體驗的複雜性和獨特性，有了更深刻的印象。情緒的主觀體驗很難捉摸，若不是被人們清晰地表達出來，我們只能透過一些外在線索來進行猜測和推理，也許永遠無法真正觸碰到它。甚至，語言也不一定能夠讓我們真正理解對方情緒感受的細微之處。所以，這次經歷導致我在以後的諮商中，都不會輕易地對來訪者的情緒下定論：「你現在一定感覺很難過吧！」我往往會換一種溫和的方式去猜測和試探：「我想你是不是感覺有些難過呢？」有時候，有些來訪者也會感到困惑，他們會說：「我不知道，說不出那是什麼感覺。」

試想這樣的例子：我今天吃了非常美味的霜淇淋，然後告訴別人霜淇淋很好吃，可是如果別人不曾吃過，他如何能夠知道「霜淇淋好吃」是一種什麼感受呢？它由多少快樂、興奮、驚訝的情緒組成？我們如何解釋這一種豐富而複雜的情緒體驗？

2 心理學家的兩種探索

心理學家會按照兩種思路去回答這個問題。就如前文談到的情緒的三種成分，除了捉摸不透的主觀體驗，情緒的另外兩種成分是「行為表達」和「生理喚醒（反應）」。所以，有一些心理學研究者開始探究「霜淇淋好吃」會讓人有什麼樣的行為表現，於是出現了對於表情、動作、行為和情緒體驗關係的探討。例如，有研究討論臉部表情和積極情緒的關係，發現眼輪匝肌更能反映真實的情緒，當眼皮不動、咧嘴笑時，往往反映的是沒有積極情緒的假笑。所以在社群軟體裡看到「微笑」表情時，常常被解讀為「呵呵」，而不是「真開心」。可是，人們漸漸發現，朝這個方向的探索並不順利，儘管已經得出了一些基本的結論，但情緒的複雜性超出了我們能夠描述的程度。即使研究最成熟的領域——臉部表情和情緒的關係，也無法提供精準的函數關係，可以告訴我們某個表情就一定代表了一種情緒。透過臉部識別情緒的神奇「讀心術」，依然只是存在於流行的影視作品中，例如紅極一時的美國影集《謊言終結者》（*Lie To Me*）。

達文西永恆的藝術傑作《蒙娜麗莎的微笑》，幾百年來不知迷倒了多少崇拜者。相信很多人站在這幅名畫面前都會產生這樣的疑問：蒙娜麗莎是在笑嗎？她為什麼微笑？荷蘭阿姆斯特丹大學和美國伊利諾州大學的科學家，利用他們開發的「情緒識別軟體」對《蒙娜麗莎的微笑》進行解讀。分析結果顯示，蒙娜麗莎的微笑中帶有八十三%的喜悅、九%

的厭煩、六％的恐懼和二％的憤怒。這一研究成果被刊登在英國《新科學家》雜誌上。

在一次心理諮商課上，老師向我們提出了同樣的問題：「你覺得蒙娜麗莎的微笑中帶有多少愉悅的情緒？」老師請每個同學提供答案。結果，我們的答案包括了〇％到一〇〇％整個範圍。但是，另一個現象也非常有趣，沒有一個同學回答八十三％，也沒有一個同學回答七十三％、六十三％、四十三％……大家提供的答案幾乎都是整數。這似乎反映出，每個人對蒙娜麗莎微笑中的情緒都不能準確感知到，提供整數所代表的是我們都在描述一個大概的情況。當老師提供電腦軟體識別出來的八十三％時，我們全都驚呼：「能提供這麼準確的答案嗎？」

蒙娜麗莎的微笑包含了八十三％的喜悅，是十多年前的研究結論。如今，隨著科學技術的發展，對情感的計算越來越精確。可是，我們依然很難信服：兩個不同的人做出一模一樣的表情時，他們的情緒也是一樣的嗎？

另一個方向的探討轉向情緒的生理機制，儘管現在沒有完全釐清各種情緒體驗精準對應的生理改變是什麼模樣，但是已有大量研究得出傾向性的結論。例如：大腦負責情緒的區域主要在邊緣系統，包括丘腦、下視丘及周圍組織。所以，朝這個方向探索的心理學家相信，或許有一天可以提供一個精準的公式，表達「霜淇淋好吃」的大腦作用機制，例如，「這個霜淇淋使我們的大腦皮層的味覺區產生了十個單位的甜度，由此傳遞至下視丘發出信號，最終至腦垂體釋放出十五個單位的多巴胺，分泌到整個大腦邊緣系統，啟動杏仁核和海馬迴產生十五個單位強度的快樂情緒」。可是，科學家們在這條路上走得並不順利。

3 情緒體驗具有主觀性

情緒的捉摸不透難以解釋，最根本的原因還是在於情緒反映了「主觀體驗」這一因素。既然是「主觀的」，那麼情緒應該是因人而異的，在面臨同樣的情境下，不同人的情緒是不同的。而「體驗」反映的是一種內在感受，它不同於看、聽、嗅、味、觸這樣的感官感受，能夠與外在的物理量直接產生聯繫，它的內在性導致了這種體驗是無法準確外化的。

在心理治療當中，面對情緒困擾，特別是情緒表達困難的來訪者，諮商心理師會幫助他們做「情緒的外化」，鼓勵對方將自己的悲傷、憤怒、痛苦、憂鬱等情緒，用動作、繪畫、故事或隱喻形象表達出來，或者體會情緒在自己身體的哪個部分。當這麼操作時，我們會發現，同樣或相似的情緒狀態，外化成一個形象的時候，每個人都可能有不同的表達。

有一次，我和幾個諮商心理師討論「孤獨」這種情緒感受，有人認為孤獨的感受就像是一棵樹，儘管成群成林，可是永遠無法相互擁抱，因為每棵樹都需要保持不遠不近的距離。而有的人將孤獨描述成平靜的湖泊，認為孤獨是一種靜謐而無聲的感覺。而我的體驗是，每當夜幕降臨，繁華落盡，萬物露出本來的面目，我將被迫直視自我時，就是孤獨。每個人對「孤獨」的理解都不一樣，這就是情緒讓人捉摸不透的原因。

有時候，哪怕是情緒體驗的當事人，也難以描述自身的體驗是怎樣的。而且，當人們用特定的情緒詞彙描述自身感受的時候，它所代表的含義也可能存在很大的差異。就像機器會告訴我們蒙娜麗莎的微笑中有八十三%的喜悅一樣，我們觀察他人的情緒時，用的是一個極複雜的計算方式。我們從對方語言的微妙之處，感受到與對方語言內容不同的情緒狀態，同時觀察到對方說話時的語氣、語速、語調、身體姿態和臉部表情，透過將這一切因素加權到情緒的計算公式中，最終得到一個大致的判斷。可是這種判斷依然有很大的錯誤可能性，因為表達過程中的微妙之處，往往容易被遺漏。甚至於情緒體驗的當事人或許也不清楚自己的狀態，若由於自身力量弱小，還帶有迴避和掩飾的動機，那麼要識別情緒的狀態就更複雜了。

所以，情緒的主觀體驗是人們容易出現情緒功能失調的第二個要素。

情緒本該如此，可是你不願接受

有不少朋友在得知我從事心理諮商的工作之後，向我尋求建議。有一次，一位很久沒有聯絡的朋友在社群軟體上找我聊天。剛開始，她只是向我講述自己生活中遇到的不順情況，比如工作遇到了瓶頸，瑣碎重複的日子漸漸消磨著她對生活的熱情等。她找不到前進的方向，不知道為什麼要這麼努力。於是，她辭掉了工作，賦閒在家。可是失去工作的日子更糟糕，她開始晚上失眠，白天難以起床，對任何事情都提不起興趣，整天心情不佳。我似乎感受到，她非常希望我告訴她：「這是憂鬱症。」彷彿有一個疾病的標籤貼在身上，她就安心了。

我沒有這樣做，而是希望瞭解更多資訊。我問她人際交往的狀況，她告訴我，近期除了和父母溝通，幾乎沒和朋友聯絡過。說到這裡，她的話匣子徹底打開了。她告訴我，她最近回到老家，見到了不少高中同學，她發現自己和他們的關係越走越遠，彷彿自己已經無法融入家鄉的環境，這讓她感到很難過。這些年在外打拚、漂泊，並沒有帶來想像中的幸福，反而讓她更孤獨。她說，感覺所有人都在離自己遠去。

「所有人都在遠去」這句話不斷在我腦海裡浮現，它強烈地引導我嘗試用一種認知行為療法的方式去回應。所謂認知行為療法，即認為人們的心理痛苦是源於非理性認知，而「所有人都在遠去」則是一種典型的非理性認知，它過度地判斷了現實情境。

可是，我立刻意識到，現在去挑戰朋友的認知，可能不會有什麼作用。如果我問她：「真的是所有人嗎？」她可能會回應：「可能不是所有人吧，只是這次回家時我見到的人都帶給我這種感受。」接下來呢？她可能依然沒有勇氣去聯絡其他朋友，沒有勇氣走出家門去找工作。

於是，我告訴她：「如果你感覺到『所有人都在離你遠去』，那真是令人孤獨、難受。」這一切其實順理成章，孤獨和難受原本就是如此。

她許久沒有回覆我，我想她可能需要花一點兒時間讓自己感受這種情緒。過了一會兒，她問我：「那我應該怎麼辦呢？」當對話再次回到「如何解決問題」的主題上時，她再次選擇逃離那種孤獨和難受的情緒體驗。這句話背後的潛臺詞是，我們一起想一想解決辦法，諮商心理師一定有辦法消除孤獨情緒的。

在生活中，我們經常能觀察到類似的情況。當媽媽帶著孩子到遊樂場玩耍，在孩子一個不小心摔倒在地、哇哇大哭的時候，很多媽媽的做法是責怪孩子不小心，或鼓勵孩子自己站起來。幾乎很少有媽媽會對孩子說：「摔疼了吧？哭吧，哭吧。」

我們都拒絕停留在消極的情緒體驗中，認為疼痛與哭泣是不被接納的感受和行為，是要立刻被消除的狀態。可是，摔倒後感覺疼痛，人會因此產生了害怕與痛苦的情緒，進而哭泣起來，這一切順理成章，情緒的產生本該如此。如果我們接納它的存在，就要像一個溫暖的母親一般，擁抱那個跌倒的孩子，說一句「覺得痛就哭吧」，疼痛的感受就會慢慢淡化，人們也會很快適應新的狀態。可是，人們往往不會這麼做，而是去反覆確認、思考及琢磨如何去解決問題。當認知的因素過早進入情緒產生的過程中，人們會反芻事件帶給自己的傷害，那些疼痛的感覺就慢慢演化成錯綜複雜的悲傷故事，並且循環反覆。

心理學家拉薩魯斯（Richard Lazarus）探究了認知的作用，他認為，人們在解釋外部事件時有三個過程：初級評價、次級評價和再評價。

初級評價是一個迅速的過程，即人們判斷這個事情和自己有沒有利害關係。與自己沒有多大關係的事情，不會引發個人情緒的波動。

次級評價中，人們會考慮自己是否有能力掌控這件與自己有利害關係的事情。當自己無法掌控時，可能產生焦慮、擔憂、害怕、恐懼等消極情緒；當自己感覺能夠掌控時，可能產生放鬆、愉悅、自豪等積極情緒。

再評價是對「產生的情緒和行為反應，是否有效地解決了問題」而進行的評價，進而幫助我們再次調節情緒。

所以，針對一個事件的情緒反應，依賴於我們對自己講的故事及解釋：

「今天我和朋友A打招呼，他沒有理我，是不是我做什麼事情惹他不開心了？嗯，很有可能啊，我上次邀請朋友來玩的時候沒有叫他……」

「今天主管說這個月公司的業績下滑是因為銷售不力，這是不是暗示我的工作不到位，我是不是馬上要丟掉工作了？很有可能，這個月主管找我談話兩次了。工作要是丟了的話，我恐怕就要……」

「今天男朋友的臉色很難看，和我說話時欲言又止，他是不是要和我分手了？這兩天他好像不開心，我該怎麼辦呢？」

諸如此類。這一切的解釋都指向一個問題：「我哪裡不對勁？」

思維的特點就是如此，它會不斷尋找問題並解決問題。這種傾向是在我們的進化過程中逐漸形成的。從鑽木取火到電熱取暖，人類依靠強大的認知能力，一步步解決了生活中的種種問題，我們已經習慣於用認知能力去思考生活中的任何事情。

在每天的日常生活中，我們最常運用的就是大腦。我們思考該如何回覆主管的郵件，怎麼滿足客戶的需求；我們思考如何完成老師交代的作業，怎麼籌辦社團的活動；我們思考如何贏得一場比賽，打遊戲時如何獲勝，畢業季時如何寫簡歷、面試、找工作等。

我們習慣於運用思維去思考這一切該怎麼解決，會在頭腦中對各個事項形成完整的計畫和安排，只要按照計畫一步步執行，最終都可以實現目標。大腦的運作讓我們處於「心智的行動模式」中，透過邏輯的推理、計畫、判斷和問題解決，在腦中形成一個針對目標的解決方案。

可是有一類事情並不是依賴於這種模式。有一次，我陪女朋友逛商場，她問我：「這件衣服好看嗎？」我只花了不到十分之一秒就回應了她：「一般吧。」她可能覺得挺好看的，對我的反應不能理解，於是一直追問：「為什麼呀？」我一時語塞，不知如何回答，吞吞吐吐地亂說一通：「這個顏色，這個拼接，不好看。」她似乎頓時領悟到了什麼似的說：「我明白了，你不喜歡這個顏色！」

審美是一種不同於日常事務的事情，它無須心智處於行動模式，因為本質上審美是一種感受和體驗，我們感受到事物的美好，就是如此。所以當我被問到「為什麼好看」時，其實沒有任何說法可以準確表達，因為那就是一種美的感受——它本該如此。這就是為什麼我能夠依靠直覺迅速反應。可是，當要求我去分析「為什麼好看」時，思維就開始占主導地位，心智處於行動模式，美的感受也開始褪色，我離真實的感受也就越來越遠了。

感受無關對錯，我能夠體驗到的美或許和對方不一樣。例如，當遭受另一半詢問「你到底喜歡我什麼」時，我們常常講不出理由，那就是一種感受，是無須用思維去分析的。之所以想知道這個原因，正是思維的問題解決傾向在作祟，即「我們現在的愛情能否持久？我得找到一個你愛我的理由，這樣我就能夠保持這個特點，讓你一直愛我」。

情緒就是這樣的存在，我們並不需要解決什麼。但是當思維面對情緒來襲時，它會保持解決問題的姿態，來面對感受到的負面體驗，大腦也在發出信號：「把我解救出去。」可是有些體驗，本就該順其自然。

持久和反覆的憂鬱的首要問題，並非是「感覺憂傷」。憂傷是一種自然的心理狀態，是人類與生俱來的一部分。想著可以或應該摒棄憂傷，是既不現實，也不可取的。問題在於，一旦憂傷來了，接下來會發生什麼？問題並不在於憂傷本身，而在於我們對憂傷的心理反應。

——《穿越抑鬱的正念之道》／馬克・威廉姆斯

當我們因為一件事而感覺不舒服，大腦是不會善罷甘休的，它非要找到一個理由去解釋它：為什麼我會如此難受。光是解釋還不夠，大腦還想去解決這個問題。所以，我們常常陷入反覆沉思中，去回想那些讓自己難過、悲傷和低落的糟糕事情。

但正是這種反覆沉思，讓一個正常的情緒語言，變成了一個需要被解決的問題。情緒本就如此，大腦卻把這一切打扮成了需要解決的問題。十分鐘過去了，這些問題依舊在腦海中盤旋，而且沒有任何答案出現。面對沒有答案的情境，思維在腦海裡更加喋喋不休了：「我是不是有什麼問題？我憂鬱了嗎？我是不是得了焦慮症？事情會變得更糟糕吧？」

其實，情緒只是在傳達一個資訊：當下的情境是令人不愉快的、焦慮的、害怕的，抑或是愉快的、興奮的等。這個資訊會促使我們行動，進而執行趨利避害的功能。所以那些消極的情緒出現，是本該如此的。我們面臨危險而感到害怕、面臨挫折而感到沮喪、面臨失戀而感到痛苦、面臨被他人誤解而感到生氣，這都是正常的情緒反應。

可是在諮商室裡，我不只一次聽到來訪者告訴我：「老師，我失戀了，感覺很痛苦，你能告訴我如何才能不難受嗎？」如果你在失戀後感到痛苦或難受，恭喜你，你是一個情感狀態正常的人，而那些失戀後麻木不仁的人，或許才有問題。你應該學會接納這種難受的情緒，把它當作當下的經歷，而不是嘗試要捲起袖子去和這個「痛苦或難受」打一架。如此一來，痛苦和難受反而就不是那麼令人討厭的感受了。

可是人們往往在「痛苦或難受」的情緒體驗中待不住，難以忍受這種感覺，這和社會文化的塑造歷程不無關係。我們有讚頌和祝福的習俗，新年的時候大人會給孩子壓歲錢，並祝他們茁壯成長，孩子也會祝福長輩工作順利、身體健康，平輩之間會祝福萬事順利，但沒有人注意到「萬事順利」是一句謊言，就像我們不願接納消極情緒出現一樣。人們總是期望一個沒有任何煩惱的世界。因此，消極情緒在我們的世界裡是非常不受歡迎的，甚至是一種禁忌的存在，比如，過去談到死亡時，人們會覺得說這個「不吉利」。消極情緒也有類似的禁忌性，有些長輩們會把憂鬱看作是矯情，他們疑惑：「怎麼就不能樂觀豁達一些呢？」他們害怕消極情緒，把它視若洪水猛獸，所以極力驅趕和迴避它。

又比如，過去我們寄送信件的時候，會在開篇寫下祝福「展信佳」，沒有人會在開篇寫下「展信喪」。不過現在或許會有人寫「展信喪」了，如果還有人寫信的話。在「九〇後」開始掌握網路世界的媒體話語權後，「喪文化」開始流行起來。悲觀、頹廢、絕望等情緒，他們張口就來，「生活不只眼前的苟且，還有明天和後天的苟且」、「你不是一無所有，你還有病啊」等。我覺得這是一件好事，當人們拿負面情緒來調侃時，代表我們對負面感受的接納程度提高了，儘管調侃還意味著我們在用戲謔的方式偽裝，依然無法直接面對這種感受，但是這遠比把負面情緒當作禁忌而閉口不談，進步了許多。

「九〇後」並不覺得一定要「萬事順利」，甚至就算「諸事不順」也能活得好好的，哪怕在朋友圈發一張「葛優癱」的圖片，吐槽一下自己如此沮喪的情緒狀態，人們也沒有真的一蹶不振。一旦能提升對負面情緒的接納程度，以戲謔調侃的方式表達它，負面感受就很難擊垮我們。

不久前在網路上流傳一篇文章叫《被罵慘的「九〇後」，可能是中國最正常的一代人》，看完後我深有感觸。現在的「九〇後」，不僅開始打破社會文化對於負面情緒的禁錮，也在打破很多禁錮的觀念，這種對於負面體驗的接納與容忍度的提升，是「九〇後」這代人人格更加成熟的象徵。

所以，情緒本就如此，人們無法容忍它的那份焦躁，正是情緒功能失調的第三個要素。

衝動行為
最明顯的「情緒失控」

……

前一段時間，網路上流傳著一段影片，一個「熊孩子」（指調皮的小孩）在公車上疑似故意伸腳踢了坐在前面的一名成年男子，隨後該男子的舉動令人震驚，他把孩子舉過頭頂，摔在地上，隨後還狠狠地踩踏了幾下。令我感到匪夷所思的是這段影片下方的評論，點讚最高的一條評論說：「這個人做了我不敢做的事情……」竟然有超過三萬人為這條評論點讚。很多人對成年男子的內心狀態表示理解，他們都有被熊孩子的惡劣行徑所困擾的經歷，這段影片因此激發了大家對「熊孩子」這個群體的憤怒之情。

可是，影片中男子的行為完全失控了，他像是在和一隻猛虎搏鬥一般，使出了渾身的力量。在激動的情緒面前，這名男子失去了理智。

在日常生活中，因為情緒失控而出現行為失控的情況，其實相對少見。很多時候，我們感覺痛苦或難過，卻仍在他人面前保持微笑，只有夜深人靜時，才會自己一個人躲在被子裡流眼淚。

真正令我們行為失控的情緒，往往是那些異常激烈和具有衝擊力的感受，最常見的是**憤怒**。在電影《火線追緝令》（*Seven*）中，編劇引用了天主教教義所包含的七大罪：貪婪、色慾、暴食、嫉妒、懶惰、傲慢、暴怒。電影結尾中，殺人犯將年輕警探的妻子殺害，砍下頭顱裝箱，快遞到曠野上時，年輕的警探為之震驚。「報復我吧，憤怒吧。」殺人犯帶著嘲諷語氣朝警探說道。這位年輕的警探被徹底激怒了，極度的暴躁、憎恨和憤怒最終使他的行為失去控制，在極端的仇恨中，他開槍射殺了謀害妻子的殺人犯。

另一種可能令我們行為失控的情緒是**羞恥**。我們常說的「恨不得找個地洞鑽進去」，形容的就是羞恥感。例如，兒童對兩性意識還沒有完全建立起來，但在這半知半解的階段也會為如廁的事情而感到羞恥。我記得自己上幼稚園的時候，有好幾次尿褲子的經歷，那種不敢聲張和不能表達自己要去上廁所的羞恥感，是令人極度緊張和不知所措的。後來，在成人之後，我才發現自己的經歷並非特例，我不只一次聽到其他人談到自己兒時尿褲子的經歷。不過，小孩子的確常常因此而感到羞恥，而這種羞恥感很可能會深深地留在記憶中，伴隨我們一生。

在成年之後，羞恥感慢慢變成一種非常隱祕的感受，它偶爾才會出現，並不會被我們明顯地意識到。在心理諮商當中，很多受情緒困擾的來訪者或多或少有一種對自身負面情緒的「病恥感」，他們會感覺自己竟然無法應對如此簡單的情緒，這是一件令人羞恥的事情。所以，他們無法向身邊的人尋求支持，只能自己一個人憋著，久而久之，這種負面情緒積壓，會導致個體行為失控。例如，憂鬱的情緒導致活力持續降低，甚至人們無法控制自己按時起床；焦慮的情緒會引起過度的緊張，身體出現各種疼痛或肌肉緊張的症狀，無法讓自己處於正常的放鬆狀態。

不只一位來訪者在諮商過程中告訴我，這是他們第一次把「這件事」告訴別人，而我的回饋是接納和理解，讓他們感覺到原來因為「這件事」而出現的負面情緒，並不是不可理解的、脆弱的、瘋狂的、懦弱的、無能的。如此，那種「病恥感」會開始漸漸消退，這正如類似尿褲子這種令人「羞恥」的事情，首次在他人面前揭露出來，你才會發現原來大家都有類似的感受，此時，多年來積壓的羞恥感就得以釋放了。

恐懼是令人們行為失控的第三種情緒。在很多有創傷經歷的群體中，最初最強烈的情感衝擊就是恐懼。面臨生命受威脅、身體完整性被侵犯等衝擊性體驗，人們很難保持冷靜。這種極大的恐懼會使人們出現渾身發抖、冒冷汗、無法有意識地控制行為等情況。

在電視劇《鬼吹燈之精絕古城》中，一行探險隊員找到精絕古城，他們進入墓地，見到了不可思議的景象，很多人因此喪命，而在最終活下來的人當中，那位考古教授似乎「瘋掉了」。這就是在面臨一連串的生死存亡經歷之後，人被極大的恐懼所擊垮，出現了壓力障礙，導致其行為無法被控制。

極度的恐懼在當下這個相對安全的社會環境中很少出現，它往往出現在政局動盪、戰火紛飛的年代，但強烈的憤怒感和極力迴避的羞恥感，卻是我們每個人都可能遭遇的情感體驗，這些就是令我們行為失控的三種情緒。

所以，因為情緒失控而出現行為失控的情況，是人們容易出現情緒功能失調的第四個要素。

缺乏情緒調節的策略

情緒調節策略不足有三個原因。

第一個原因是，**對於情緒產生的過程不瞭解**。當情緒產生之後，在我們無法抵抗時，才想到要調節自己的情緒。甚至很多人希望「控制」或「消除」情緒，而不是「調節」情緒。其實，情緒調節能夠發生在情緒產生的各個環節。

第二個原因是，**我們會產生「認知融合」**，把頭腦中想像的情境當作事實，進而讓自己陷入極端的情緒中而不能自拔。認知融合是一種普遍的心理現象，其典型表現是觸景生情：我們在看到舊物品時，開始回憶過去的時光，進而感到憂傷、憤怒、開心或痛苦；我們在憧憬未來時，會因為想到未來一片光明，進而感到心情舒暢；若對未來悲觀、失望，則會感到焦慮、擔憂，甚至恐懼、絕望。所以，在認知融合的情況下，情緒就像是一種上癮物質，會令人越陷越深，難以自拔。大學校園裡，學生在寢室裡徹夜臥談，抒發自己對未來的憧憬和明日的計畫；情侶促膝長談，想像美好的未來生活；挫敗時，獨自一人默默發愣，對錯失的機會、被自己搞砸的事情感到悔恨，甚至幻想若能改變則結果將會如何。這些都反映出認知融合容易讓人「上癮」，並且長時間深陷其中。

第三個原因是，**不恰當地使用情緒調節策略**。調節情緒有很多種方法，但是沒有一種方法是普遍適用的。在不同的情境中，恰當地使用不同的策略，才可能有效地降低情緒強度，保持情緒平和。例如，庫伯勒—羅絲（Elisabeth Kübler-Ross）提出的「面臨死亡的五階段模型」：否認—憤怒—祈求—憂鬱—接納。不論是面對自我可能死亡，還是重要親人的離去，每個人都有機會經歷這五個階段。

人們最初得知噩耗時，可能會否認自己或重要親人即將死亡或離去的事實，同時採取迴避式的防禦，不承認即將發生的事情，透過逃避的方式讓自己不去直接面對巨大的創傷。這在初期階段是正常的防禦，心理健康的個體在這樣巨大的壓力下，採用迴避的方式，是恰當的。相反地，若個體在初期階段遭遇這樣的重擊，便直接面對現實處境，很可能被巨大的壓迫感擊垮，陷入徹底的絕望，進而深陷憂鬱，出現情緒調節功能失調。可是，若個體停留在迴避階段，一直否認事實，當大限將至或親人早已遠離，依然無法接納現實，情緒的功能也會失調，個體可能出現情緒障礙。因此，沒有萬能的調節方法，最好的方法是隨著心理歷程的發展，遵循一定規律靈活地調節情緒，以有效地保持情緒功能良好。

1 瞭解情緒的產生過程

情緒的產生過程有五個階段。

第一個階段叫作「情境選擇」。每個人在每時每刻透過看、聽、嗅、味、觸各種感官，接觸到的資訊是無窮無盡的，可是我們真正在大腦中加工的資訊卻非常有限。因為在所接觸的大量資訊中，我們的注意力系統會對這些資訊進行層層篩選，僅讓部分訊息進入到我們的意識中，而剩下的大量資訊則被擋掉了。

西蒙斯（Daniel Simons）和萊文（Daniel Levin）於一九九八年做了一項非常著名的實驗：一個實驗者在大學校園中隨便叫住一個行人問路，在交談過程中，另外兩個人抬著一扇門從實驗者和路人之間走過，在門擋住了他們之間的視野時，藏在門後的另一位實驗者取代了最初問路的實驗者，而這位取代的實驗者會繼續和行人交談。這個問路實驗重複了很多次，絕大多數的行人都沒有覺察到問路的人發生了變化，即使實驗者在問完路之後明確地問對方：「你注意到我不是剛才那個人了嗎？」也只有接近一半的人注意到了。這意味著，人們對周圍環境中的資訊接受是有選擇的。在大量資訊中，人們能夠注意並記住的資訊占少部分，而更多的資訊被忽視掉了。

所以可想而知，我們對外部世界的客觀認識是多麼缺乏，大部分對環境的感覺，都在第一個階段被過濾掉了。能夠被關注到的資訊，往往是對個體有意義的資訊。有一個非常典型的現象，人們很容易在嘈雜的環境裡聽到他人呼喚自己的名字，這是因為，在眾多嘈雜的聲音中，大部分對於自己來說是「無意義的噪音」，而「自己的名字」是一個具有意義的詞彙。所以在喧鬧的場合中，一旦有人呼喚自己的姓名，哪怕那聲呼喚比其他聲音要小很多，依然能被感知到。不僅如此，在不確定的情境下，我們還容易對此產生建構，例如和自己姓名接近的發音也容易被聽成「好像有人叫我」。

意義的建構來自於最初的經歷。畢竟剛出生不久的嬰兒不會對自己的姓名那麼敏感，剛上小學的孩子還沒有養成良好的學習習慣，每個人的初戀都讓自己刻骨銘心……這些都證明著，最初的經歷對於意義建構的影響。所以，對於外部環境的大量訊息，我們在無意識間就篩選了資訊，只保留那些對我們有意義，和我們最初接觸過的、具相似特點的事物有關的資訊。

另一種情境的選擇不同於這種無意識的選擇，而是一種主動的選擇。例如，當一個人知道自己害怕演講之後，選擇了一份不需要演講的文案工作，進而遠離了需要演講的場合。這種主動的選擇，也屬於情境選擇。很多時候，人們在面臨難以接納或無法控制的負面情緒時，往往會選擇以迴避的方式去躲開那些讓自己難受的情境。比如分手之後，我們會燒掉過去的日記，扔掉和前任情人一起旅行時買的紀念品，再也不敢經過常去的那家餐廳，這些舉動都是在第一步就主動迴避開了令人悲傷的情境。

第二個階段叫作「情境修正」。這個過程就好比我們正在開車，發現路線錯了，可是這是一條高速公路，我們無法直接掉頭，只得在前方駛入最右側車道，以便在下一個路口出去。駛入最右側車道這個動作就類似於情境修正，我們沒辦法迴避，但可以在情境中轉換焦點。例如在談話中，我們轉移話題，不再談某件引起焦慮或悲傷的事情。

第三個階段叫作「注意力分配」。在這個過程中，人們把注意焦點進行轉換和分配。但遺憾的是，令人不悅的事情往往更容易吸引人們的注意力，而愉快的事情總會轉瞬即逝，這種現象叫「負面資訊效應」，即負面資訊比正面資訊更具有影響力。所以在我們的記憶中總會記得和伴侶爭吵的時刻、發生矛盾的情境與令人不悅的故事。

我清楚地記得，有一次我和女朋友吃完晚餐後，路過了一個賣各種小零食和小玩意兒的店鋪，店鋪門口放著一個蠟筆小新模型，它一臉傲嬌的表情彷彿在呼喚來來往往的顧客：「你來呀！」我覺得這個蠟筆小新模型挺可愛的，就伸手摸了摸它噘得老高的大嘴。女朋友突然有些不開心，漫不經心地說道：「我記得有一次路過這裡的時候，我們在吵架。我不記得那次吵架的內容是什麼了，可是剛剛你摸它的時候，那種不好的感覺就占據了我的內心，我很確定，我們在這裡爭吵過。」她的提醒讓我一驚，我發現我對那次的爭吵也有印象。同樣地，我記不得那時為何爭吵了，但我回過頭看看蠟筆小新，也確信在這裡發生過爭吵。那種負面的感受彷彿能夠直接通達我的內心。所以我們常常見到許多伴侶之間喜歡翻舊帳，卻很少回憶甜蜜的事，並非這段關係不健康，而是我們的注意焦點就是這樣。

第四個階段叫作「認知改變或認知重評」。當我們對資訊進行篩選、改變和分配之後，就開始對其進行加工了。人們為事件賦予的意義，會改變事件最終帶給自身的感受。

在我的諮商經歷當中，有不少來訪者因社交焦慮而感到困擾。

曾經有一位來訪者描述自己的人際困擾時說：「一直以來，我都有一個問題不知道該如何處理。當對面走過來一個熟人時，我不知道在何時打招呼，是在遠處就招呼對方呢，還是等對方走近了再打招呼？我每次都在這樣的猶豫中和對方擦肩而過。」我好奇地問他：「這兩種打招呼方式有什麼區別？」來訪者告訴我：「如果在遠處打招呼，有被忽視的風險，萬一對方沒聽見呢？若等對方走近了，有對方先打招呼的風險，這可能讓別人覺得自己不熱情。」所以，他每次見到熟人時都非常緊張，恨不得繞路而行。

仔細去思考這樣的認知方式，「我在遠處呼喚一個人，對方沒有理我」，這種事發生後你會如何解讀？有些人可能會理解為對方沒聽見，進而再次大聲叫對方；有些人可能會理解為對方在發呆，所以沒有注意到，進而等待對方走近時再次打招呼；但另一些人會理解為「對方可能不想理我」，因而感到有些尷尬，所以要裝作若無其事，好像自己沒有做過這種令人「出醜」的行為。為同一個事件賦予不同的意義，用不一樣的認知去解讀，就帶來了不同的感受，最終做出不同的選擇。而我們對於自己的選擇進行進一步解讀，就加深了自己的感受——「剛剛又沒有好好地和別人打招呼，我真糟糕」。

我也曾經為打招呼這件事困擾過，那個時候我擔心的是「丟臉」。彷彿他人的一個眼神、一個表情，都能讓我解讀出其中的鄙視、嘲笑和貶低之意。而最困擾我的事情，是和半生不熟的人打招呼。在我讀大學本科時，有一次令我印象非常深刻的經歷。在上課的路上，我遇到了一個認識但不熟的同學，我對對方的瞭解幾乎除了外在熟悉的面孔外，就只剩名字和班級、年級了。到現在，幾年過去了，我甚至連對方的名字也遺忘了，但讓我印象深刻的是當時的內心體驗。

我們在前往教室的路上遇到了。原本我很想繞過去，但是對方輕描淡寫地跟我說了句「嗨」，這迫使我不得不回應，可是打完招呼後，我們相顧無言。那段前往教室的路要走七至八分鐘，這段時間幾乎成為我人生至此最焦慮、最難受的時刻之一。我一直在腦子裡搜尋對方的資訊，想找一些話題來聊。可是，任何資訊都沒有，我的大腦一片空白。偶爾飄過一句「吃了嗎」，也被我自己反駁回去了——「這個問題太傻了」，對方除了回答我「吃了」或「沒有吃」，還能說什麼？

在那幾分鐘的時間裡，我在腦子裡不斷和自己打架，想說點兒什麼，但又覺得不合適，每次想到一個話題，立馬又感覺那不是一個很好的話題，大腦中的糾結和矛盾持續了一路。在這段時間，我內心裡強烈的焦躁和羞恥感在翻湧，有一個聲音不斷在說「人家一定覺得你是一個傻子，一路不說話，這麼內向」，帶著這種在腦中上演的自責，和想要做點兒什麼卻又無能為力的無助感，我終於熬過了那幾分鐘。在那之後的一段時間，我再遇到半生不熟的人時，內心就會起雞皮疙瘩。

後來，在一次團體活動中，我參與了一個互相評價的項目。我對自己的評價是一個沉默寡言、不愛多說話，甚至是個可能會令人感到不悅的人。可是旁邊兩位女士告訴我，我的「安靜和沉穩」讓她們覺得「很安全、很溫和、很真誠、很有力量」。這是我第一次意識到，別人看見我沉默，並不意味著別人會認為我不好相處或令人討厭。從此以後，我開始慢慢地改變舊有的認知，將一些積極的意義賦予我的不善言辭上。

情緒調節的最後一個階段叫作「情緒反應的調整」。當我們為事件賦予意義之後，相應的情緒感受就產生了，它有三種表現形式，即前文所述的主觀體驗、行為表現和生理喚醒（反應）。當情緒以這三種形式表現出來之後，個體可以對此進行調整。例如，有些人感覺難受時，會找閨蜜傾訴、吐苦水，用語言的形式表達內心的悲傷；有些人會讓自己投入到無盡的工作中，用行動來麻木自己；還有些人會服用安眠藥，改變生理反應，讓自己一覺睡去，以驅散悲傷帶來的疲憊感。

這五個階段是一個連續的過程，格羅斯（Gross）認為，在情緒產生之前的前四個階段，個體可以透過改變「認知」這個關鍵環節，從根本上改變所產生的情緒的性質，這叫作「前置聚焦的策略」，也就是我們在面臨外界的刺激之後，在情緒產生之前就做出相應的準備，改變可能產生的情緒狀態。而在情緒產生之後，個體可以透過改變情緒的表達形式，進而調整情緒狀態，這叫作「反應聚焦的策略」，也就是我們在情緒產生之後，用合理的方式去表達和宣洩情緒，可以有效調節情緒的強度和狀態。所以，前置聚焦的策略，其核心是改變認知；反應聚焦的策略，其核心是合理的情緒表達與宣洩。

2 認知融合

認知融合是指人們把頭腦中的想法當作現實。這一點極具欺騙性，大部分人難以意識到。很多陷入痛苦、悲傷、憂鬱、憤怒等消極情緒的來訪者都會說：「事實就是那樣。」當我進一步去探索事實究竟是「哪樣」的時候，雖然他們能夠列舉出很多看似能夠印證自己判斷的「證據」，但仔細琢磨就會發現，所謂的「證據」離事實還有一段距離。頭腦中的想法，就像一個小人駐紮在人們的內心，喋喋不休地說話，講述著未曾發生的故事。

傳說在曹操率軍攻打張繡的時候，正處於炎熱的夏天，驕陽似火，曹操的軍隊在曲折蜿蜒的山路上前行，天氣悶熱得讓人透不過氣來。中午時分，士兵的衣服都濕透了，行軍的速度也慢下來，有幾個體弱的士兵竟暈倒在路邊。曹操見狀，深感不能繼續如此前行，否則會耽誤戰機，因此下令要加速行軍。可是幾萬人馬現在連水都喝不上，如何才有力氣加快行軍速度呢？曹操詢問隨從的軍師附近是否有水源，軍師展開地圖，對曹操搖搖頭，指著山谷另一邊的河流說：「至少要跨過山谷，還有很長的一段路。」曹操靈機一動，想出了一個辦法。他對手下的士兵們說：「前方有一大片梅林，有很多又大又好吃的梅子，我們盡快趕路，越過山丘就會到達梅林了。」士兵們一聽，彷彿梅子已經吃到嘴裡，精神大振。行軍速度加快了許多，很快他們就找到了水源。

這是眾所周知的望梅止渴的故事。這個故事反映了人們的想像力是如何影響到情緒和行為的。原本累趴在地上的士兵，由於在大腦中想像出了梅子的形象，前行的信心和興奮之情就被調動了起來，可是「事實」並非如此。所以當我們大腦中那些「喋喋不休」的聲音開始發言的時候，我們很容易把那些內部語言當作外部「事實」，彷彿那一切已經發生了一樣。

對未來「糟糕至極」的預想也是非常典型的案例。人們在失戀後常說：「我這輩子再也不相信愛情了，或是再也不會愛了。」曾經有許多人向我尋求幫助，希望挽回前任情人或找到從失戀泥沼中走出來的方法，他們對於自己失戀經歷的描述，充滿著絕望和「糟糕至極」的預想。

四月一個晴朗的早晨，男孩為了喝折價咖啡沿原宿後街由西向東走，女孩為了買快信郵票沿同一條街由東向西去，兩人恰好在路中間擦肩而過，失卻記憶的微光剎那間照亮兩顆心靈。

兩人胸口陡然顫動，並且明白：

「她就是我的百分百女孩。」

「他就是我的百分百男孩。」

然而，兩人記憶的燭光實在過於微弱，兩人的話語也不似十四年前那般清晰。結果連句話也沒說便擦肩而過，徑直消失在人群中，永遠永遠。

你不覺得這是個令人憂傷的故事嗎？

——《遇見一〇〇%女孩》／村上春樹

失戀的人心中最常喋喋不休的正是這樣的故事：我剛剛失去的，是百分百女孩／男孩。他們向我訴說的時候，也會如此真誠地表達內心的情感：「你不覺得這是個令人憂傷的故事嗎？」我相信這份憂傷是真實的，沒有人失戀之後不會感到憂傷。可是「錯過『百分百』女孩／男孩就『永遠永遠』地錯過了」，這些腦子裡認為的「事實」未必就是事實。但當人們如此執著於這樣的想法時，那份憂傷和痛苦就更加劇烈並令人難以自拔了。

我在工作中經常遇到一些家長，他們常常向我傾訴的苦惱是，很想給孩子一個溫和、充滿愛的環境，可是孩子一調皮搗蛋，自己就忍不住怒火，朝孩子發脾氣，這樣既傷了孩子的心，也讓自己筋疲力盡。其實身為父母，人們總是被腦子裡喋喋不休的消極自我對話給嚇著了。

「孩子今天沒寫作業，他總是拖延。再這樣下去，孩子的成績會越來越糟，他怎麼能上好的小學？上不了好的小學，肯定也去不了明星高中，那最終離頂尖大學越來越遠了。以後進了社會，該怎麼辦呢？」這樣的想法出現在很多家長的腦子裡，他們或許只是因為年僅五歲的孩子讀唐詩時，才持續了三分鐘就被其他的玩具吸引了注意力，進而不禁浮想聯翩，擔心孩子進入社會後成不了「人上人」。

有一次，有位家長來找我諮商，她看起來非常焦慮，任何關於孩子的背景和表現都沒有描述就直奔主題，急切之情溢於言表。她問我：「我家孩子專注力不集中，平時總是拿個玩具，寫作業不認真，怎麼辦？」談到「專注力」，我首先想到的是孩子的年齡和注意力維持時間的關係，於是我便問這位焦急的媽媽，孩子多大年紀、注意力能夠維持多久。這位媽媽告訴我，她的孩子三歲多了，但是她感覺孩子連維持一分鐘的專注力都做不到，隨即，她給我看了一段手機裡的影片。在影片中，孩子正對著 iPad 學習英語，螢幕裡一個個動畫人物說著簡單的英文對話。孩子很努力地跟著讀，一邊讀一邊扭動著身體。這位媽媽非常痛苦地告訴我，孩子總是這樣動來動去，有時候還要擺弄桌上的玩具，一點兒都不認真學習。

我努力安撫這位家長的焦慮，並向她介紹了五歲以下孩子的注意力特點。這個年齡層的孩子不存在所謂的「專注」，他們的注意力大部分是隨意觀察，也就是環境中的任意刺激都可能吸引孩子的關注。若這個時候的孩子不是像這樣扭來扭去、輕易地被環境中的刺激所吸引，反而很有可能存在某些生理或心理的發展障礙，所以影片中展現的正是一位健康、可愛、活潑的孩子。家長聽到這樣的解釋，仍然追著問：「我該怎麼做才能讓孩子保持專注呢？」彷彿我剛才的話像在空氣中蒸發掉了一樣。

於是我開始明白，「孩子不專注」這個想法在這位媽媽的腦子裡是一個頑固的「事實」，任何證據和科學結論均無法說服她、安慰她。孩子那個扭動的身體形象深深地扎根在母親的心裡，給她帶來了巨大的衝擊，激起巨浪波濤，將平靜的水面攪得渾濁不清，此時，任何理性與邏輯都已經失效。因此，我開始把話題轉向「孩子不專注」這個想法帶給家長的感受，很多由此展開的聯想便如層層波浪，一波又一波散開。

這毫不誇張，在親身經歷這一切之前，我不相信家長們會如此「多愁善感」，可是事實證明，很多家長確實有這樣的傾向。他們會因為孩子當下的一個非常正常的表現，而把事情想像得越來越糟糕，他們將這樣的想像當作無比真實的「事實」。

3 靈活使用情緒調節策略

在不同的情境中，面對外部刺激、心理反應的不同階段，採取不同的應對方式，會有不同的效果。心理學家喬治・博南諾（George A. Bonanno）提出了情緒調節的靈活性模型，他認為個體能否靈活使用情緒調節的方法，在哀傷和創傷復原中具有至關重要的作用。他有一個非常有意思的研究領域：自我欺騙可以帶來的適應性結果。一般情況下，人們會認為個體自欺欺人是一種消極的情緒調節策略，是逃避現實的反應，往往會帶來更深遠的心理問題。可是博南諾提出了不一樣的理念：自我欺騙並不一定只具有負面意義，它在特定條件下也可能產生積極作用。特別是在哀傷與創傷的情境中，面對親人的離去，人們往往很難接受這樣的現實，在一段時間內，透過自我欺騙，把內心裡那份情感連結以幻想或其他方式保留，能夠讓人們不至於被巨大的悲傷和痛苦所擊潰。

那麼，如何靈活應對，才能好好地與過去說再見呢？

一段依戀關係開始建立，就意味著這段關係有其終點。生老病死、悲歡離合，這是每個人的天命，我們都無法逃避。親友的離去，無論是離開我們還是離開世界，對我們來說都是一種內心的缺失。一段依戀關係的結束和失落，會帶給我們哀傷。

前幾年，我參加了一次中國心理學會註冊系統大會，在會上我聽到一個心理諮商的督導案例：一位因關係失落而導致長期憂鬱的女性，她的內心永遠停留在那段關係裡，無法抽離。這種失落的體驗讓人產生了情結，內心深處停留在當初，長久地等待故人的回來，無法正常地繼續自己的生活。這個案例提交到大會上，幾位不同諮商流派的督導師都提到了同一個思考角度：如何理解個案在諮商時每個階段的狀態以及當下的狀態？

面對生命中的諸多失落，人們在不同的階段會有不同的反應和感受：

在失落的最初，人們在情緒上可能會出現悲傷、痛苦、憤怒、內疚等感受。例如，我們會想到，為什麼在一起的時候，我沒有好好對待他，他走的時候我都沒有和他告別，再也沒有機會相見了；這樣的想法帶著內疚的感受。有些人責怪上天不公，憤恨這樣的事情怎麼會發生在自己的身上。而更多的人會因為從此無法再相見，感到非常難過。

在大腦的認知裡，人們可能會否認事實，不相信這一切，甚至會產生自責並反覆地陷入沉思。比如，失戀的人會相信對方一定會回心轉意。面臨親人去世的時候，人們可能幻想著好像對方還沒走，而是以某種方式一直存在於自己身邊。而有些人面臨失去，會感到無比自責，內心裡一遍遍痛苦地責罵自己：「我要是能夠早點兒意識到，這一切可能就不會發生了。」有些人可能會反覆陷入沉思，想起伊人最後留下的身影，或是在夢中不斷出現對方轉身離開的場景。

在行為舉動上，個體可能會迴避、退縮，不敢重返最初相識的地方，甚至避免說出曾經常常互相調侃的那句口頭禪，只想找個角落一個人靜靜。有些人可能會出現一連串生理反應，例如出現失眠、噩夢、食慾下降，或者因感覺到不安、擔心悲劇重演而心率不正常等。

這些反應是所有具有正常情感的人在面對生命中重大失落時，所流露出的正常反應。就像無法逃避自己一天天變老一樣，我們也無法避免出現這些反應。但是，隨著時間的流逝，這一切開始慢慢淡化，有些人可能順其自然就緩解了，而有些人可能會持續地哀傷。研究顯示：十五%至五十%的人，其哀傷反應能在一年內自行緩解，八十五%的人在兩年內能緩解，約有十五%的人會發展成為長期的哀傷反應。有研究者認為，當面對失落，個體持續出現分離痛苦和創傷痛苦，影響個體的社會功能持續超過六個月，就需要重視，臨床上可以以「慢性化哀傷」做為診斷結果。

因此，一方面心理學研究者相信每個人都具有自我治癒力。分離是痛苦的，最初痛苦的情緒出現時，大可不必壓抑它們，讓自己充分地悲傷，相信自身的修復能力，因為大多數人都可以從中走出來。另一方面，確實存在一小部分人會陷在哀傷中無法走出來。

心理學家將個體經歷哀傷的過程分成四個階段。

第一階段，接受失落：這個階段的任務是去接受依戀對象已經離開的事實。我們可以邀請當事人採用他熟悉和能夠接受的儀式去哀悼，提供當事人表達想法和感受的機會，增強其獲得的社會支持，讓當事人在儀式中看到事實，而不是總停留在否認和不相信的幻想裡。

第二階段，經歷痛苦：這個階段的任務是幫助當事人去表達情感，給他們時間去感受哀傷的情緒。我們安慰別人的時候常常會說，「你會變好的」、「一切都會結束的」、「堅強點兒」，這些是我聽過最糟糕的安慰，因為我們需要充分地表達哀傷，而不是「節哀」。

第三階段，重新適應：這個階段很困難，我們要幫助當事人從失落中看到新的可能性，看到這些經歷對他們以後生命的意義，主動思考當下的失去對他們意味著什麼，進而獲得在失去重要親人的情況下，仍能繼續生活的信心。

第四階段，重建關係：這個階段需要在情感上重新定位逝者在當事人心目中的位置。這聽起來很殘忍，甚至很多人在心中會認為這是一種「背叛」，進而拒絕開始。但重新開始，並不意味著絕對拋棄過往，過往的記憶是難以忘記的，內心可以為其保留位置，但生活可以重新上路。正如克拉斯（D. Klass）所說：「悲傷的結束不在於切斷與逝者的連結，而在於以不同於生前的方式在內心『安置』逝者。」

每天的生活經驗

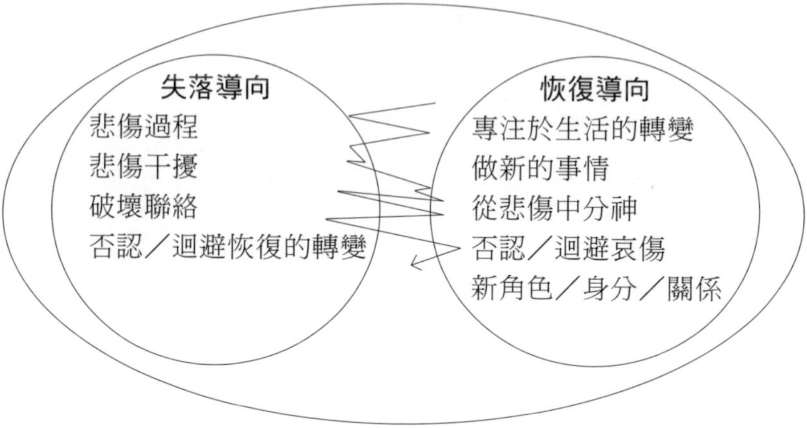

心理學家從另一個視角提出了哀傷的雙過程模型：

面對失落，我們的生活會在失去的痛苦和努力振作的動力之間輾轉徘徊（如上圖）。

有些人在失去親人之後會這樣說：「白天的時候我很好，可以正常上班工作，有時候我還能特別努力工作，覺得冥冥中親人給予了我力量，讓我能更努力地生活和工作。但是每當夜幕降臨，我就會控制不住自己的情緒。過往的記憶，那些美好的點點滴滴，都會像放電影一樣自然地在腦海中上演，揮之不去。很長一段時間，每天晚上我一個人在房間發呆，回憶那些往事，直至淚流滿面。」

人們會在恢復導向和失落導向的狀態裡，繼續每天的生活。在這兩種狀態之間來回擺動的情況，是正常適應功能的一部分。一旦倒向一邊，一直處於失落導向或恢復導向，都會出現問題。

長期的失落導向會使人一直哀傷，無法正常地運轉個體的社會功能，可能陷入長久的憂鬱情緒中，就如前述因關係失落而深陷憂鬱的個案一樣。但長期的恢復導向也並非健康狀態，它就像一開始就把自己的情緒全部壓抑住了，沒有給自己時間和空間去充分地悲傷，很可能會出現慢性化哀傷和一些身體症狀。

所以，哀傷輔導的過程就是讓每一個經歷過失落的人，處於一個正常的哀傷過程中，發揮個體的自我治癒力，逐步恢復。

這個過程是：「開始接受事實」→「表達感受，充分悲傷」→「認知、情緒、行為和生理上的各種症狀出現」→「接納這些症狀，感受它們，去理解這些症狀以及原因」→「展開恢復期，重建和故人的關係，在心裡重新安置其位置，好好地和他說再見」→「繼續新生活」。

在整個過程裡，可能不斷出現恢復的力量和表現，也總是出現哀傷的感受和失落的痛苦，會在這兩者之間來回擺動。所以，沒有一種方式能夠完全調節和緩解悲傷情緒，而是在兩種狀態裡波動徘徊，更具靈活性的心理狀態，可以幫助人們更快地從哀傷中走出來。

缺乏情緒調節策略，或缺乏靈活使用策略的能力，是情緒功能失調的第五個要素。

情緒困擾侵蝕了意志力，讓人無法堅持目標

糟糕的情緒會侵蝕意志力，讓人無法行動。負面的情緒感受，例如沮喪、悲傷、焦慮等，會給人造成主觀上的痛苦，這種痛苦的體驗與身體疼痛類似，都會降低意志力，容易讓人產生放棄的念頭。

二〇一七年九月，網路上流傳很廣的榆林孕婦墜樓事件，引發了公眾的深度關注。在陝西省榆林一家婦產醫院，一名即將臨盆的孕婦因疼痛難忍，多次乞求家屬和醫生為自己進行剖腹產，數次遭到拒絕後，她選擇跳樓，結束了自己和孩子的生命。這個事件占據了各大媒體的頭條，人們紛紛討論誰該為此事負責。有人譴責醫院沒有盡職盡責，未能準確判斷產婦是否應該剖腹產，並做好產婦的心理安撫工作；有人譴責家屬，特別是丈夫的自私和對妻子個人感受的忽視。我看到這個事件時，內心最大的感受是，這背後與人

們對身體疼痛可能產生的影響，缺乏認知有關。當個體在極端痛苦的時候，意志力會變得薄弱，非常容易產生「放棄」的念頭。

心理痛苦具有與身體疼痛相似的性質。哈佛教授愛德華．坎澤恩（Edward Khantzian）在一九九七年提出了心理痛苦的自我救贖假說：在面臨極度的痛苦，以至於造成了心理創傷的時候，人們往往會使用酒精、藥物等物質，來做為一種轉移創傷痛苦、緩解艱難處境的手段，以期望痲痺自我，實現自我救贖。心理學研究者發現，在遭受心理創傷以至於承受極大心理痛苦的族群中，有很高的機率會出現物質濫用的狀況。在諸多影視作品中，我們也常常看到這種情況：男女主角在失戀之後，往往會夜夜笙歌、放飛自我，任由自己墮落、放縱，以求透過這樣的方式逃避痛苦。所以一旦負面情緒導致的心理痛苦使其無法忍受，人們就容易喪失意志力，陷入成癮般的放縱與墮落的深淵中，失去前進的動力。

有一部經典電影叫《女人香》（*Scent of a Woman*）。影片講述了一名高中生在一位脾氣暴躁的盲眼退休軍官身邊擔任助理時，兩人之間發生的故事。主角是法蘭克中校，戰爭的槍林彈雨都不曾擊垮他，可是因為一次意外事故，導致他雙眼失明，但從此他的嗅覺變得十分敏感，能夠透過嗅聞對方所使用的香水氣味，識別其身高、髮色甚至眼睛的顏色。

可是失明導致他整天待在家裡無所事事，他逐漸失去了活下去的勇氣和信心，甚至打算結束自己的生命。在此之前，他決定盡情放縱一下，於是帶著助理——高中學生查理，到處出遊，嚐盡美味，高速飆車，住進豪華酒店，盡情享受最後的時光。

曾經叱吒戰場的軍官，如今連生活都無法自理，這徹底擊垮了法蘭克中校的信念，他變得脾氣暴躁，情緒十分不穩定，這種極度糟糕的情緒狀態和對生活信念的喪失，讓他決定來一場最後的放縱。人在有期盼、有追求、有目標的時候，才會顯得格外有精神。中校決定要完成自己列出的放縱清單。當他與美女跳探戈時，當他租到最愛的法拉利去飆車時，那份豪邁和激情是非常鮮明的，但背後潛藏的是視死如歸一般的決絕，當他打完最後一顆子彈，等待死亡的到來時，查理竭力阻止了中校的自殺行為。查理的陪伴，讓兩人之間萌生出父子般的情誼，重新喚起了中校對生活的信念。影片的高潮處，法蘭克在查理的學校禮堂進行了一場慷慨激昂的演說，挽救了查理的前途，兩人在互相鼓舞中得到重生。

這部影片的前半部分，很典型地展現了心理痛苦對個人意志的侵蝕。軍人是意志力最堅強的群體，可是失明導致法蘭克失去生活掌控權，這對他來說是最徹底的打擊。頑強的軍人也難以堅守對生活的信念，開始了自我放縱的計畫。而人們能夠在意志崩塌時，獲得徹底救贖的方法，就是影片後半段所展示的：和他人產生相互鼓舞、相互依戀的關係。正如前文所舉的例子，墜樓孕婦選擇放棄生命，很大程度上也是失去依戀、失去親人支持所導致的結果。在極度的心理痛苦之中，自我救贖最好的方法並不是自我放縱和自我毀滅，而是他人的支持和依戀。

所以，侵蝕人們的意志力，讓其放棄目標，是情緒功能失調的第六個要素。

第 *3* 章

與情緒為友，學習適當的調節方式

人們在面對情緒困擾時，最常用的九種情緒調節策略分別是：

1. 內疚與自責。
2. 責怪他人。
3. 接納情緒。
4. 重新對事物進行積極的評估。
5. 轉移注意焦點，關注事物的積極面。
6. 向下比較。
7. 規畫未來的行動。
8. 反芻思考。
9. 糟糕至極的災難化思維。

在這九種人們常用的應對方式中，其中的第三種到第七種策略，在很多情況下對緩解情緒困擾都有積極作用，是值得推薦使用的方式；而其餘四種策略反而容易加劇情緒困擾，是要避免使用的方式。

我會介紹如何覺察到自己使用了哪種方式，帶領大家探查為什麼人們容易使用消極策略，進而學會如何選擇適合自己的方式。

內疚與自責
「你錯在哪兒了？」

1 內疚心理的來源

知乎網站上有一個問題：在伴侶向你道歉時，你反問「你錯在哪兒了」是好的方式嗎？

很多人都被這個問題吸引，覺得這的確是我們常做的事情。每當我們和伴侶爭吵、發生歧見之後，對方的一個道歉似乎讓我們有種情緒被堵住了、無法宣洩的感覺。「對方都已經道歉了，我還能怎麼說呢？」於是，「你錯在哪兒了」成了宣示「勝利」的一個口號。

可是，當人們說這句話的時候，沒有意識到一個問題：我們想要引發對方內疚的情緒體驗，進而達到在情感上控制對方的目的。因為內疚與羞愧是人類體驗中最隱祕、最難以忍受的情感，把握住一個人的內疚與羞愧，就相當於抓住了他人自尊的尾巴。

這種行為習慣來自於每個人從小接受的教育。在很小的時候，父母就教育我們知榮辱明是非。每當小孩子做錯事的時候，大人會刮一刮臉說「羞羞羞」，彷彿覺得讓孩子感到羞愧，就能夠矯正他的行為。「羞愧」這種情緒的確能夠讓人們迴避令人羞愧的情境，但孩子迴避的只是羞愧的感受，並不能理解為什麼這個行為是不對的。在孩子的心中只是形成了這樣的印象：每當我做出這樣的行為時，父母會羞辱我。父母的這種行為叫作「情感控制」，它會給孩子帶來被貶低的感受，使孩子的自尊心受到傷害。

當我看到「你錯在哪兒了」這句話時，腦海裡浮現的情境是一位怒氣沖沖的媽媽拿著孩子的作業本，指著孩子的鼻子痛罵一頓，在怒吼聲的結尾補上一句：「現在你知道你錯在哪兒了嗎？」驚恐中的孩子忍住眼裡的淚花，忍不住的是顫抖的肩膀和抽泣聲，他一言不發默默地承受媽媽的羞辱，只期待時間能夠加速流動，或者媽媽罵得身心疲憊而離去，自己可以關上門放聲大哭。面對不回答自己的孩子，媽媽卻繼續破口大罵：「我問你話呢！你聾了嗎?!」

這件事讓我們深刻地意識到，在人際關係中，令人感到羞恥是最有力的控制，它帶給人們無上的權利。所以，貶低學生的老師、痛罵下屬的主管，往往能夠對班級、團隊有強大的掌控力。人們為了避免巨大的羞愧感讓自己的情緒崩潰，會找到一種防禦機制，叫作「向攻擊者認同」。人們會漸漸地認同父母、老師、主管的說法，相信自己的確是笨拙的，所以羞愧的巨大壓力就減輕了，轉化成內疚的體驗。當我們不再站在自己的立場感受撲面而來的攻擊和貶低，而是站在外部的視角，與攻擊者一同攻擊自己，認為確實是自己不對、是自己做錯時，壓力就減輕了。在社交場合，當人們感覺羞愧時，常常會用一個小技巧來化解尷尬，就是自嘲：我率先攻擊自己了，你們就沒什麼話可說了吧。

我曾經遇過這樣的來訪者，他們對於人際關係中的忽視、貶低和嘲諷極具敏感性，並且非常恐懼。這會帶來一個結果，形成我們所說的「討好型人格」，也就是大家眼中的「老好人」。只要別人開口要求，他們都來者不拒，笑臉相迎。可是，在這種人的內心裡，不情願、不樂意的火苗熊熊燃燒著，只是他們無法表現出來。對他們而言，彷彿「老好人」這個形象成為與別人連結的唯一紐帶。「如果我拒絕他人的要求，我不熱心幫助別人，我還有什麼價值？別人有什麼理由喜歡和我一起玩？」他們的內心世界懷有這樣的恐慌感，這是低自尊的表現。

2 自責的三種影響

當處於低自尊的時候，人們會以各種錯誤、失敗和挫折來懲罰自己，在腦海裡不斷重複最嚴苛的自我批判：「某某，你這個笨蛋、傻瓜，徹頭徹尾的失敗者。」甚至在腦海中不斷重播令人不愉快的場景。在意識層面之下，人們會把自己逼到牆角，狠狠地責問自己：「你錯在哪兒了？」

當我發現來訪者採用自責的方式來面對挫敗、拒絕和衝突時，我會指出他們的心理模式。有一次，來訪者講述自己在公車上和他人發生衝突的情境，他感覺自己遭受了侵犯，可是無論如何也表達不出憤怒和指責。在那個衝突的場景下，他甚至覺得對方謾罵自己的話是對的，自己確實是一個「沒有教養、膽小又笨拙的人」。我指出他的矛盾之處：「剛才你說，是對方擠占了你的空間，你遭受了侵犯，可是當對方謾罵的時候，你又認為是自己的問題。聽起來你的立場好像很不堅定。」來訪者掙扎著說服自己，讓自己堅信自己是正確的，卻輕而易舉地被對方「你看看你錯在哪兒了」的姿態徹底擊潰。

這種自我指責不僅發生在人際衝突中，還會發生在團隊合作中。有一位來訪者告訴我，他前陣子參加了一個辯論賽，他們的隊伍輸掉了比賽，他特別自責，覺得是自己的原因。儘管隊友們都安慰他，並且在賽後總結時，一致認為這場比賽中他表現得最好，可是他依然堅信，是自己的問題導致比賽輸掉。我直接指出了他的矛盾之處：「一方面我們看到隊友一致認為是你表現得最好，另一方面你卻認為是自己的原因導致比賽輸掉，聽起來你彷彿不相信隊友的看法。」

他提出了兩種可能，一種是隊友在安慰自己，假裝說自己表現得最好；另一種是儘管自己是團隊中表現最好的一個，但是依然比較差，只是隊友的表現更差罷了，而且賽前準備時，他和隊友一起討論、模擬了很久，隊友表現得差，也有自己的責任。我問他覺得哪種可能性更大，他更傾向於相信是隊友「欺騙」了自己，他並不是團隊中表現得最好的那個。低自尊帶來的自我指責，對人們具有這樣的影響——對他人的正面回饋免疫。

自責的模式還會給人們帶來自我設限的行為模式。自我設限就是在內心裡給自己設定了一個默認的「高度」，當任務難度達到或超出這個高度的時候，人們會給自己心理暗示：我不可能做得到，成功的機會等於零。而且往往人們會把自己的限制設置得很低，遠遠低於自己正常發揮的水準。

所以低自尊帶來的自責模式會造成三個結果：第一，它會使人們更容易遭受心理傷害；第二，它會讓人們對積極的回饋視而不見；第三，它使得人們對自己的能力與可能性進行自我設限。要解決這樣的情緒困擾，就需要改變自責的行為模式，從內疚的情緒狀態中解脫。

若要改變一種行為模式，並非一朝一夕就能成功，我們既需要保持一定的耐心，也需要學會一些技巧，有方法、有步驟地改變自責的行為模式。

3 打破自責的行為模式

自責的行為模式，是一套從自我貶低的思維模式，到產生內疚的情緒，再到自我設限行為的綜合模式。所以，改變這種模式的核心，是從識別和改變自我貶低的思維模式出發，隨著思維的改變，在行動上做出改變，最終達到情緒體驗的改變。

所以，打破自責行為模式的方法分為三步：

第一步，識別自責背後的思維模式。

第二步，改變這種思維模式，用替代性的思維模式來認識自己。

第三步，用改變後的思維模式來指導自己的行為。

我們在前文中談到了，自責的思維模式來自於人們的低自尊心理，而低自尊心理來自於成長過程中感受到的羞辱、貶低和忽視，以及由這種羞恥感轉化而來的內疚情緒。

這種情緒體驗讓我們逐漸形成了固定的自我認知：「我很糟糕。」圍繞這樣的自我認知，可能出現各式各樣的思維模式。有些人在人際衝突中感受到心理傷害，覺得自己很糟糕，總是不能和他人處理好關係；有些人在團隊合作中感受到挫敗感，覺得是自己拖累了團隊；有些人在面對挑戰和任務時為自己設限，認為那是自己不可能完成的任務。

想要識別圍繞「我很糟糕」而展開的思維模式，可以進行以下幾種練習。

第一種：思維模式識別練習

定期進行以下主題的寫作練習。最好制定固定的寫作時間或期限，如每天十五分鐘，或每週三次每次半小時。

1. 回憶一次你和他人發生衝突的情境。若想不到任何衝突情境，也可以記錄你所觀察到的他人之間發生衝突的情境，並假設如果你是其中一方當事人，當衝突發生時，你的想法是什麼。
2. 回憶一次你在團隊中感覺挫敗的情境。描述當時發生了什麼事情，自己為這件事的發生承擔了怎樣的後果。事情發生後，你的想法是什麼。
3. 回憶一次你面對挑戰卻想要退縮的情境。描述當時的挑戰是什麼，自己是如何做的，最終結果如何。事情發生後，你的想法是什麼。

不斷地面對自己真實的想法和感受，並不是一件輕鬆的事情，剛開始的時候會帶給人很大的壓力，令人感覺到焦慮和恐慌。因為我們面對的是自己軟弱的一面，而人對於自己的負面狀態是難以容忍的。所以在剛開始練習時，感到焦慮和難受是正常的現象。

一九七〇年代末，詹姆斯・佩內貝克（James W. Pennebaker）教授研究出一套表達型寫作的心理治療方法。他發現，那些受到心理傷害的人，只要每天花十五分鐘，寫一寫自己遭受的傷害和感受到的情緒體驗，就有可能發生好轉，而且這套寫作方法遵循一定的規律。由於很多人的情緒困擾，往往來自糟糕的思維模式和應對方式，而迴避和控制是最糟糕的應對方式之一。所以讓來訪者放棄迴避，用寫作這種相對安全的方式接觸受傷害的情境，可以讓他們改變糟糕的應對方式。當他們漸漸能夠自如地寫下自己的故事，就開始拉開自己和故事本身的心理距離，這會與故事發生時巨大的情緒涉入形成對比，而能開始客觀地看待事件，並理性分析事件了。

所以識別自己的思維模式，不僅要關注自己經歷的事情、事情發生時的想法，更重要的是看到事情發生時，自己巨大的情緒涉入是如何產生的。盡量用第一人稱的寫作手法，讓自己進入到故事情境中。

接下來第二步，要用替代性的思維模式，改變「我很糟糕」的想法。人們之所以沉浸在這些想法中，是因為拒絕其他的聲音，對積極的體驗視而不見，對消極體驗不斷反芻思考，所以第二步要覺察到「例外」情況，將之記錄下來並當作真實情況。

第二種：思維模式替代練習

定期進行以下主題的寫作練習。最好制定固定的寫作時間或期限，如每天十五分鐘，或每週三次每次半小時。

1. 在和他人發生衝突的情境中，你有沒有不那麼緊張或緊張感少一些的時刻？在那些情境下，你的想法是什麼？
2. 在團隊中經歷失敗的情境中，你有沒有不那麼挫敗或挫敗感少一些的時刻？在那些情境下，你的想法是什麼？

3. 在面臨有挑戰和困難的任務時，你什麼時候完成了挑戰，或感到不那麼困難？在那些情境下，你的想法是什麼？
4. 如果回答以上三個問題有困難，請回想一下你的伴侶、家庭成員、朋友，過去對你表達欣賞或喜歡的情境。他們認可了你的哪些特質，這些特質對你來說有什麼意義？帶著這樣的特質，面對以上三種情境，你又會有什麼新的想法？

當人們反覆面對自己的真實想法，並從中發現自己的核心信念及其來源的時候，就可能發生領悟和改變。我有一位來訪者在每次諮商過程中都會錄音，有時間就重聽錄音，從側面角度來重新審視諮商的過程。所以他進步得很快，每次到諮商室都有大量的想法和感受要表達，並且他的行為也在逐漸發生改變。

所以，第三步「用改變後的思維模式指導自己的行為」，就需要用側面視角來回顧自己寫下的故事，並用這個故事來指導自己的行為。

當我們逐漸發現一個新的思維模式可以改善自己的行為時，通常無法做到一百八十度的大轉彎。我們需要給自己設立一個分級任務，比如說，若是希望自己在面臨挑戰時不再自我設限，而是像相信自己能夠完成它一樣去行動。那麼，把這個行為模式分解一下，第一步，允許自己在困難面前退縮三次，或完成任務的六十%；第二步，允許自己在困難面前退縮一次，或完成任務的八十%；第三步，最終達到在困難面前不退縮，相信自己能夠以一〇〇%的標準去行動。

如何表達你的憤怒

1 表達憤怒≠責怪他人

有一位來訪者在講述了自己的情況後，希望從我這裡找到正確的做法。他以「你身為諮商心理師，見過很多案例，應該知道怎樣是好的」為理由，理所應當地認為我應該給他關於心理學與人生的答案。

我使用了諮商心理師常用的方法：用問題去回答問題。我常常會問：「我很好奇為什麼你在這個時候問這樣的問題？」這種小技巧常常能夠使話題的焦點重新轉移到來訪者身上。可是幾次下來，他都能夠再次回到向我索取建議的話題上，他始終不忘那個我「欠」他的答案。於是，我告訴他：「你是自己心理問題的終結者，答案就在你自己身上。」

這個回答徹底激怒了他，他開始表達對我的失望和憤怒。他很篤定地說：「你真的很差勁，我對你很失望，對這個諮商很失望。我感覺諮商給不了我想要的效果，你幫不了我。」

我耐心地等他說完，然後平靜地回應他：「我能感覺到你對於一個不能提供答案、給你建議的諮商心理師非常失望。彷彿你把巨大的希望寄託於他，期待他能夠指引你走出困境，可惡的是他居然告訴你，你自己才是問題的終結者。」

聽到這個回應，他向後一仰，彷彿被某種東西擊中，半天沒有說話。

後來，他把話題轉向了關於選擇與責任問題的探討。他意識到自己一直在向「權威」尋求一個「正確的」答案，用「權威的正確性」來判斷自己的選擇和行為。過去他從各式各樣的「權威」那裡，獲得關於人生選擇的各種「答案」。剛開始得到一個答案時，總能讓他感到精神振奮，相信精彩的人生、圓滿的生活、極致的幸福已經唾手可得。可是，每當他開始相信後，隨之而來的是無盡的失望。「權威」的答案依然是對的，可是他發現「正確的答案」無法給他帶來任何意義，他沒有辦法參照別人的經驗，做出符合自己處境的正確選擇。

隨後，神奇的事情發生了。在下一次的諮商中，他告訴我情況開始發生變化。儘管他依然沒有很快就改變當下的處境，但是他開始意識到，很多事情需要自己承擔責任。所以，他開始依靠自己的判斷做出一些選擇，這使得他在工作中面臨的困境出現了轉機。

從這位來訪者的身上，我們可以看到「表達憤怒」與「責怪他人」的區別。這兩者表面看起來有同樣的動作，但在人們心中卻是兩種截然相反的態度。在人與人的關係中，權力的爭奪一直存在。當我們責怪他人時，是將選擇的權力交付他人，就像在諮商中不斷期待得到「權威、正確的答案」一樣，我們認為自己無法為一項選擇承擔責任，於是將這個選擇權轉移給他人，期待從別人那裡得到答案。可是，人生體驗的不可替代性，讓我們只能獨自面對自身處境，因此我們每個人都無法提供關於他人生活的正確答案。

2 從「沒有人可以幫助我」到「我能幫助自己」

其實，正確地表達憤怒並不是在責怪誰，而是對「沒有人可以幫助我」的處境提出抗議、不滿和掙扎。「沒有人可以幫助我」，這是很多陷入絕望的人心懷的信念。這個信念在某種程度上是對的，每個人都無法從他人的經驗中獲得準確的答案，那些吸收他人經驗而解決自我問題的人，都是在他人經驗的基礎上進行自我化的加工，歸根究柢還是自己幫到了自己。

有一次，高曉松在綜藝節目中談到了自己的恐慌。儘管他的人生閱歷非常豐富，但是他依然擔心自己所認識到的世界並不全面。他舉了一個例子，在他眼中漂亮的女生是這樣子的，但或許，在吳彥祖那般帥的人眼中，漂亮的女生是另一種樣子。或許他永遠無法看見或體驗到另一種樣子是什麼。

在心理學中，高曉松所恐慌的現象叫「存在孤獨」。所謂存在孤獨，即我們每個人都只能獨自面對自身處境，它最大的特點即是我們每個人的體驗都具有不可替代性。我們每個人都有過生病的經歷，當感冒來襲時，有些人鼻塞頭暈，有些人咳嗽喉嚨痛，每個人都有不同的症狀，但是在非常痛苦的時候，我們都有同一個願望：要是我能夠付出一些代價，比如花點兒錢，請別人替我承受生病的痛苦，那就太好了。可是，這是一個無法實現的願望。這個願望的不能實現，具體說明了我們每個人的體驗都具有不可替代性，我們只能獨自面對自身的主觀體驗。

身處孤獨的環境中，我們就能夠理解到「沒有人可以幫助我」是一個真實的現象，能幫助你的只有你自己，你是自己問題的終結者，答案就在你的身上。

3 注意「被動攻擊」

責怪他人是一種消極的情緒管理方式，它的弊端是避免了直接面對情緒體驗。它讓人們躲在憤怒和不滿的背後，用消極行動和責任轉移來進行「被動攻擊」。

所謂被動攻擊，是指人們內心充滿怨恨與憤怒，但又不直接將負面情緒表現出來，而是表面服從，暗地裡不作為、不合作、敷衍、拖延，常私下抱怨，卻又相當依賴權威。被動攻擊在日常生活裡很常見，在職場中，若人們不滿主管的管理，卻不敢提出意見的時候，往往採取敷衍、消極怠工的方式來表達不滿。在親密關係裡，當我們對伴侶的舉動感到不滿，卻無法直接表達時，往往會採取冷處理的方式，不表達情緒的同時也不理對方，用無聲的抗議暗示對方「你給我好好反省一下，看看你都做了什麼」。

被動攻擊的「高明」之處，是使得受到攻擊的人好像沒有理由可以回擊。因為被動攻擊的人所做出的行為是微妙而隱晦的，如果你對此做出激烈的反應，彷彿你是在小題大做。發出被動攻擊的人可能會說：「這點兒小事，你有需要這樣嗎？」若有人因為他的敷衍、拖延、不合作而批評他，反而可能會因此感到內疚，因為被動攻擊發起者往往看起來既無辜又真誠。

在團隊中，被動攻擊會破壞凝聚力和生產力。一個經常使用被動攻擊的人，他的拖延和敷衍會使得整個團隊的合作效率下降，也會讓團隊中的其他人感覺不公平。人們會想，憑什麼他能隨便拖延，不按要求辦事？

被動攻擊也會給發起者帶來負面的影響。首先，發起者的人際關係會越來越糟。人們都討厭那個總是責怪他人卻不在明處表達憤怒的人。若能夠公開來談不滿或需求，人們可以平等地談判，但被動攻擊者以弱者的姿態來消極抵抗，總讓人無法應對。所以人們都討厭被動攻擊者，卻不知道為什麼會討厭他。

其次，發起者會讓自己陷入糟糕的情緒狀態中。當他做出被動攻擊的姿態時，反映出的是他的不滿和需求難以直接表達，那麼自然有某種情緒被壓抑在內心。被動攻擊者會感覺沒有人理解自己，卻不明白為什麼會這樣。他們往往忽視了自己的行為模式，不能意識到這種無人理解、無人支持的處境是自己一手造成的。

在發起者的憤怒累積到一定程度後，就有爆發的可能。而此時他的爆發，會讓周圍的人感到毫無徵兆和莫名其妙，人們都覺得他是一個「無欲無求」的人，甚至有時候看起來有些「不思進取」，活脫脫一個「佛系」青年，不理解為什麼他會突然如此憤怒和激動。而當一種情緒的爆發與宣洩，在無人理解中展開，會讓發起者更痛苦和孤獨。

所以，直接面對自己的情緒體驗，並以建設性的方式去表達不滿和需求，就能擁有更和諧透明的人際環境。

接納情緒
把情緒當作流動的液體……

1 越牴觸問題，問題越嚴重

在《伊索寓言》中，有一個故事叫〈北風和太陽〉。北風和太陽爭論誰的威力更大。北風說：「我的威力大，可以把大樹連根拔起。」太陽說：「我的威力大，可以把河流曬乾涸。」它們爭論不休，誰也不能說服誰。正巧有一群行人路過，它們便約定誰能讓行人脫下衣服，誰的威力就更大。

於是，北風猛烈地吹啊吹啊，路上的行人把衣服裹得更緊了。北風感到很生氣，鼓足了力氣更加賣力地吹起來，行人冷得發抖，反而添加了更多的衣服，戴上了帽子和圍巾。北風吹到筋疲力盡，依然沒能讓行人脫下衣服。

太陽將溫暖的陽光照向大地，行人脫下了帽子和圍巾，並且一件件地脫下了添加的衣服。太陽慢慢地升到高空，行人汗流浹背，忍受不了這樣的炎熱，紛紛脫去了衣服，跳進河裡游泳。

很多人面對正在發生的事情時，心態就像是威猛的北風，用盡力氣想要把問題迅速解決，吹走一切煩惱和擔憂。可是用力越猛，消極的情緒就像是行人的衣服一樣，一層層，越來越厚地包裹全身。

「我的社交能力差，不知道該如何和同學或同事說話，遇到老師或主管時更是緊張到不行。」

「我感覺自己的狀態很糟糕，總是難以集中注意力，最近看書總是看不下去，眼看就要考試了，這次一定要被當了。」

「我覺得自己缺乏領導力，上臺演講時總是沒有自信，效果也不是很好，每次都不能獲得熱烈的回應，甚至覺得臺下的聽眾在看我的笑話。」

類似的種種自我對話，都表明一個問題：「我出了什麼問題？」

我在前文中談到了「心智的行動模式」（見六〇頁），這是人們的一種日常狀態。不論是從人類進化歷程的角度，還是個人日常生活中面對的各個方面，「心智的行動模式」都具有關鍵作用。人們在這種狀態下，思考問題的原因，發現問題的解決辦法，進而制定計畫並付諸行動。大到治理國家，小到修理電燈泡，都需要「心智的行動模式」去分析、理解、規畫、行動，所以人們常常會問自己：「問題出在哪裡？」可是，當消極情緒襲來，人們依然自問「我出了什麼問題」時，便會陷入死胡同。當思考「問題在哪裡」時，並不像是修電燈泡一般，可以從電路的原理出發，一步步分析電流在哪裡斷掉了。主觀上的負面體驗讓我們往往捕捉不到情緒的電流，不知起源於何處，也找不到通達的方向。

正如寓言中北風所做的努力，人們越賣力去對抗問題，問題看起來越嚴重。我們往往用「情緒波動」來描述當下的情緒狀態，這說明情緒本身是一種短暫的狀態，它時而高漲、時而低落，而正是由於「心智的行動模式」，讓人們在情緒低落時賣力去尋找問題的根源，也因此深陷其中。

2 情緒就在那裡，它本該如此

就如太陽溫和地存在於天上一樣，我們去接觸和體驗情緒時保持著一種接納的狀態，它自然就慢慢地淡化了。

正念減壓療法的創始人喬・卡巴金（Jon Kabat-Zinn）講述了一個酪農的故事。二次大戰時期，英國有一家牧場的主人雇了一名沒有經驗的助手。有一次，助手在攪拌牛奶時灑出了一些牛奶，這讓他感覺很緊張。於是他趕緊用水沖洗地上的牛奶，可是越沖洗，地上的牛奶看起來越多，這讓他感覺十分絕望。這時，牧場主人走過來，看到地上一大片白色的液體，立刻明白了助手的疑惑。主人告訴他：「你看，一旦水和牛奶混合在一起，看上去就是一樣的。若你灑掉了一公升，那它看上去就有一噸；若你灑掉了一噸，那它看上去就會像是……你站在一片湖面上了。」所以，面對灑掉的牛奶時，正確的做法是讓它自然地流淌，等它們流進排水溝之後，再用水沖洗地面。

沒有經驗的酪農助手會因為緊張、擔憂而趕緊拿水沖洗，這就像我們大多數人面臨消極情緒時，不斷進行的自我對話：「我出了什麼問題？我太笨了？我缺乏毅力？我無法集中注意力？」在消極的情緒渲染下，這樣的自我對話就像是混入水的牛奶，混上了悲觀和消極的色彩，讓原本一公升的牛奶看起來像一片湖泊。而有經驗的牧場主人知道，牛奶是流動的，你不去沖洗它，它自然會慢慢往低處流淌，最終流入排水溝。

情緒如流動的液體，若你不再往裡面注水，它很自然地就慢慢流走了，我們只要在一旁覺察並體驗它的緩緩流淌就好了。如何才能做到這一點呢？

第一步：用「描述性自我對話」取代「分析式自我對話」

接納情緒最重要的步驟，就是如實覺察並如實體驗。如實覺察就可以使用「描述性自我對話」，它要求盡可能如實地描述自己當下的情緒體驗。

「分析式自我對話」常常是對當下現實的引申和推理，它和當下發生的現實並不一樣。例如，我們可以在頭腦中想像一個沙發，但是它和你客廳中真實存在的那個沙發或許不同。對於情緒這種抽象的存在，頭腦中的想像與客觀現實的差距更加巨大。

因為看到三歲多的孩子學習英語時不斷地扭動身體，就感覺到無比焦慮的媽媽，她在頭腦中想到的可能是孩子未來考上名校或者年薪百萬的畫面；因為女友與自己分手而躺在床上悲傷流淚的男孩，頭腦中想到的可能是自己錯過了「百分百」女孩，「絕不將就」的自己因此會「孤獨終老」；因為在路上和同學打招呼但對方沒有回應自己，所以感到非常羞愧和尷尬的女同學，頭腦中想到的可能是自己過去一次次被人拒絕、貶低和忽視的經歷，進而總結出自己是一個被人拋棄和嫌棄的人，甚至發出「生而為人，我很抱歉」的感嘆。

而「描述性自我對話」則會如實地描述當下覺察到的狀態。用「我看到……」、「我聽到……」、「我感到……」等這樣的句子開頭，如實地描述所見所聞所感。例如，剛失戀的男孩如實地描述當下的感受：「我剛剛和女友吃完分手飯，我們徹底分開了。回到家裡，我感覺很悲傷，空蕩蕩的房間裡非常安靜，我只聽到自己的呼吸聲。孤獨的感覺充滿了整個房間。我聽到內心的呼喊：『你失去了一段美好的感情，這段幸福的記憶從此碎裂。』我很沮喪，不敢想像未來如何生活，對於明天該做什麼，我都感到迷茫，就好像在迷霧中找不到方向。」

要做到如實描述並不容易，特別是在情緒狀態消極時，人們很容易被負面的感受感染，把思維引入關於糟糕故事的想像中。這一方面是因為消極的感受總是突出而顯著，在感受不好的時候，人們容易喪失觀察能力，忽略環境中的細節；另一方面，是因為人們不敢面對負面的情緒體驗，所以會用故事和推理的方式，來代替如實體驗的痛苦。

所以當人們很難做到進行「描述性自我對話」時，往往需要一個善於傾聽的對象。在對著某個對象傾訴時，由於過於誇張、不切實際的推理和想像，不容易被對方理解，人們自然會更加真實地描述自己心理痛苦的原因。而如果尋求專業的諮商心理師的幫助，心理師會以好奇和關注的態度，幫助人們如實地接觸自己的情緒與情緒產生的原因。

第二步：用存在的狀態體驗情緒，代替解決問題的衝動

「存在」的狀態如太陽、牧場主人，即存在於此時此刻，不嘗試去改變什麼，把頭腦中的想法和內心的情緒體驗，當作轉瞬即逝的資訊。悲傷時全身心地去體驗那份悲傷，焦慮時全身心地去體驗那份焦慮，慢慢地，人們會對各種情緒體驗感到熟悉，對消極感受的耐受性也會增強。

在這個階段，並不需要努力去體驗情緒狀態，因為情緒總是來得那麼的強烈且突然，它很自然就會出現在身體中。你要努力去做的是，克制自己想要逃離情緒狀態或逃避問題的衝動。一旦開始逃離或思考問題，行動模式的「分析式自我對話」就會開始喋喋不休，把體驗帶入我們想像的故事中去，進而脫離現實，最終無法「如實」體驗。

要訓練自己進入「存在」的狀態，如實體驗此時此刻，有很多種方法，例如正念、瑜伽、冥想等。找到一種自己喜歡並能持續下去的方式，訓練自己接觸當下的能力。注意：這些方法是訓練自己進入「存在」狀態的能力，而不是讓人在真正面臨消極情緒狀態時，才臨時抱佛腳去學習的技能。

第三步：重新啟動

等待牛奶緩緩流入排水溝的牧場主人，在牛奶流走之後，最後需要用水沖洗地上留下的痕跡；面臨消極情緒的個體，也需要在情緒淡化之後處理現場。當前兩步能夠充分而如實地體驗，那麼第三步就是自然而輕鬆的。

也許，從一次深度睡眠中醒來，在肌肉放鬆後睜開眼睛，或是在加速的心跳和出汗的手心慢慢緩解後，可以開始思考，接下來要採取什麼行動？是朝迎面而來的陌生人打個招呼，還是投入為明天的演講做準備？

3 適用情境

大多數日常生活中的焦慮、緊張、擔憂和害怕，都可以透過讓自己處於「心智的存在模式」而放鬆下來。自己全然地體驗整個焦慮過程，而不是在焦慮的驅使下盲目掙扎。就像不會游泳的人落入水中後，導致他們溺水的並不是落水這件事本身，而是他們毫無章法地過度掙扎。真正會游泳的人都知道，只要保持放鬆，甚至一動也不動，就可以讓自己的頭部自然地浮出水面。

另一種情境也是人們想要逃離的狀態——孤獨和憂鬱。當人們處於孤獨和憂鬱的泥沼裡，也會感受到如落水一般的恐懼，彷彿自己和世界隔絕了，沒有人能夠理解自己、拯救自己，可是這些想法也是落水後的「過度掙扎」。

強烈的憂鬱或孤獨體驗有兩種來源。一種是短期內嚴重的人際挫敗經歷。比如，一個原本樂觀開朗、活潑好動的人，在一次和他人合作的活動中，因為自身表現不佳，被他人狠狠地羞辱了一番。這一變化嚴重打擊了他的信心，讓他甚至開始懷疑是不是自己原本就不受人歡迎，進而陷入孤獨和憂鬱中。在這種時刻，要去接納挫敗和羞辱，才能回歸原本的狀態。當因害怕而迴避這種挫敗和羞辱，從此拒絕和他人的合作，甚至變得不再信任他人時，孤獨和憂鬱的狀態就會悄然襲來。

還有一種是長期的人際忽視經歷。有些人平日裡一直是沉默寡言、不善言詞的，雖然很希望自己能夠被他人關注和理解，但事實並不是如此。於是，有些人會找到一些替代性的自我證明方式，例如他們會非常努力地學習、工作，讓成績優異、業績突出，成為自己的身分標籤，好像只有這樣才能證明自己在這個世界上存在過。

可是，當你越把某種自我證明的方式看得如此重要和具有唯一性時，憂鬱和孤獨就越容易出現。在這種狀態中，需要接納的不僅僅是這些感受，更需要的是接納自我，認同自我的價值和優勢。

重新對事物進行積極的評估

1 情緒ABC理論

在我讀研究所時，有一次一位學姐打電話給我，問我要不要去一所大學做兼職諮商師。當時我的第一反應是：我可能做不好。於是我說我還需要學習，便拒絕了她。

當天晚上，我參加了一個心理培訓活動。活動中，有人分享了一個與我相似的感受：「我覺得我是新手，可能做不好。」原來在面對不熟悉的場景時，大家都有相似的感受。人們遇到一些事情的時候，似乎都有一個類似的信念：「我不能勝任」。領悟到這一點之後，我改變了主意，覺得自己可以嘗試一下。

A	←	B	→	C
誘發性事件	←	信念	→	行為結果
Activating events		Beliefs		Consequences

這種領悟過程就是認知行為治療的核心理論：理性情緒ABC理論。

如上圖所示。

所謂ABC理論，是指當出現一種情緒體驗時，這種情緒的發生不是一個獨立事件，它往往涉及一個產生過程，這個過程包含了A、B、C三個部分。A是指發生了一個刺激事件，該事件並不會直接引發人們的行為和情緒反應，而是產生一個認知過程，人們對於該事件的不同解釋造成了最後不同的感受。每當人們被消極情緒所困擾，無法理解當下的情緒困境時，這個理論總是能發揮幫助的作用。

簡單說，就是當人們遇到一個刺激事件A的時候，它往往不會直接導致人們產生反應（包括行為、情緒和生理上的）C，而是會先透過信念B，再到達行為結果C。

但信念B是分不同層次的：

最深層次的部分叫「核心信念」。核心信念是從生命早期開始，人們逐步形成的對自我、他人和世界的總體看法和假設，它是根深柢固、影響深遠的，而且人們往往難以清晰地描述，甚至如果沒有專業人士的幫助，自己是難以覺察的。人們會認為這些信念是絕對真實和正確的，即「世界本來就是這樣」。

開篇描述了「我不能勝任」的故事，這個想法就是一個核心信念，它會出現在應對各種事件的場景裡。有些時候，在我的意識中會覺得這件事我能做好，但是我依然沒有自信，並且會產生「我不能勝任」的想法，那是我覺察不到的，而且這個想法可能會在一些關鍵時刻，阻止我去做一些冒險和挑戰的事情。

中間層次的叫「中間信念」，它包括三個成分：態度、規則和假設。

例如，在「我不能勝任」這個核心信念之下，可能存在這樣的態度：「失敗是可怕的」，規則是「如果挑戰太難了，就要放棄」，因此假設就變為「如果我去做有難度的事，我會失敗；而如果我避免做這件事，我就會沒事」。

還有一個層次叫「自動思維」，這是人們面對一個情景時所產生的快速評價思維。它們不是深思熟慮或理性推理的結果，而是迅速而簡短的自動閃現，以至於如果你不及時覺察，它就會被遺忘。

現在建立一個認知模式。如左圖所示。

由於「核心信念」和「中間信念」是更深層的信念，大家透過簡單的文字敘述或許很難覺察到，因此，最初嘗試理解情緒時，重點在於覺察和捕捉自己的自動思維，並且在非理性的自動思維導致消極情緒反應出現的時候，去發現它、改變它。

當注意到自己的情緒變化或者負面情緒增強的時候，可以嘗試問自己一

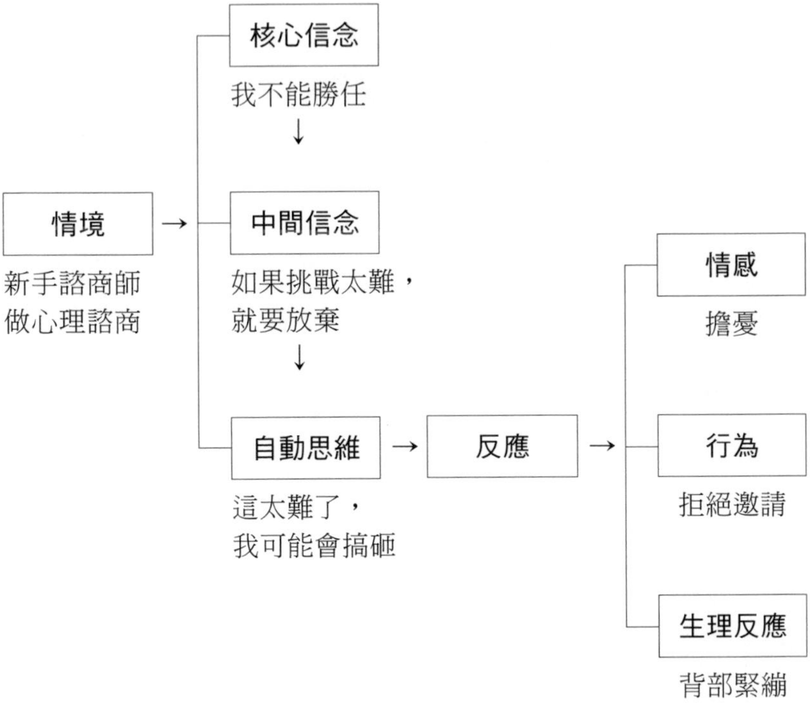
核心信念
我不能勝任
情境
新手諮商師
做心理諮商
中間信念
如果挑戰太難，
就要放棄
自動思維
這太難了，
我可能會搞砸
反應
情感
擔憂
行為
拒絕邀請
生理反應
背部緊繃

個問題：「剛才我在腦海中想到了什麼？」

這個問題的答案就是**自動思維**，而且你之所以會感覺到難過（或者悲傷、憤怒、生氣、悔恨等消極情緒），是因為現在的自動思維是非理性的，你需要重新審視一下你的自動思維。請按順序對自己提出以下的問題，並認真回答：

- 有什麼證據支持這個想法？
- 有什麼證據反對這個想法？
- 這件事情的發生有沒有其他原因？
- 最壞的結果是什麼？我該如何應對？
- 最好的結果會如何？
- 最有可能發生的結果是什麼？
- 如果是我的朋友或家人處於相同的情景，我會對他說什麼？
- 如果我改變我的想法，會怎麼樣？

・所以，我會怎麼做？

回到開篇的那個故事中，當學姐問我是否去做兼職諮商師的時候，儘管我有所遲疑，最後依然堅定地拒絕了。當時我的內心很糾結，事後有一點兒情緒低落，覺得自己失去了一次好機會。但當時我腦海中閃現的是：「這個機會多好啊。但我現在缺乏經驗，肯定做不好。」

我到底能不能接下這份工作呢？我們來重新評估一下。

・**支持證據**：我還沒有接過諮商個案，沒有直接的諮商經驗。

・**反對證據**：當時我已經學習了一年多的心理學知識，掌握了許多理論知識。透過招募來訪者，我已經累積了一些個案經驗。同時，我在心理諮商中心進行了一年的實習工作，做了多次團體輔導，對於校園中可能出現的心理困擾類型瞭解不少。

・**其他原因**：我現在去做諮商師，可能會遇到一些挑戰和困難，但只要有督導在背後支持，並時刻瞭解自己的局限和能力範圍，在自己的能力範圍內工作，總是可以的。

· **最壞的結果是什麼：**面對第一個來訪者，我可能會很緊張，來訪者甚至會看出我的緊張，這可能是一個令人窘迫的場景。

· **最好的結果是什麼：**令人緊張的場面並沒有發生，來訪者一直在傾訴他的困惑，我很投入地關注他的問題。

· **最有可能發生的結果：**令人緊張的場面可能不會發生，來訪者也會有些緊張，我們都有些拘謹，但慢慢地也能順利進行下去。

· **如果是我的朋友處於這樣的猶豫狀態：**我會說：「當然是接受這個機會，每個人都有第一次，畢竟你也掌握了許多理論知識，如果不實踐，就會一直停留在腦子裡。」

如果我這樣分析問題，可能當時就接受這份邀請了。

2 三欄表和五欄表

當然，前述的分析只有在能夠順利發現自己的自動思維時，才能做到。但自動思維往往一閃而過，在當時的情緒中，人們難以控制自己去理性思考，事後再來回憶，也就忘記當時自己在想什麼了。

這個時候可以透過以下的練習，增強捕捉自動思維的能力：

- 從身體出發，體驗當時的感受，具體到「身體的哪個部分感受到了」，以此來詳細描述當時的情緒和生理反應。然後再問自己：「我在想什麼？」
- 重新回憶事情發生時前前後後的每一個細節，然後問自己：「我在想什麼？」
- 閉上眼睛，想像自己再次體驗那個情境，將自己放進那個畫面中，然後問自己：「我在想什麼？」

A 事件	三月三日：我又拖稿了。
B 想法	「沒寫完稿子，這本書出版不了了。」
後果 C （情緒／行為）	1. 感覺很焦躁，焦慮程度 70 分。 2. 頭昏昏沉沉的，過了大半天還不肯打開電腦。

- 用反向的積極想法來提問，例如，我是在想「一切都很順利嗎？」
- 嘗試理解事情背後的意義。例如，當我面對那件事時，對我來說意味著什麼？

在認知行為治療中，有兩個常用的工具，即三欄表和五欄表。

三欄表是針對ABC理論進行編製的，它讓人們看到自己在面臨一件事時，情緒是如何產生的，這個過程叫作「情緒覺察和情緒理解」。如上圖所示。

第一步：在第一欄寫下今天令自己感覺不佳的事情。

第二步：在第三欄寫下自己的行為反應和情緒感受。

寫下行為反應是容易的，因為我們可以直接觀察及回憶客觀發生過的事情。可是寫下自己的情緒感受，有時候會面臨一些困境。對此我們可以學習掌握更多描述情緒體驗的詞語，本書末尾會提供給讀者一個「情緒詞表」，你可以逐一感受和回憶，思考自己是否體驗過所有的情緒狀態，盡量為每一個情緒詞找到一段回憶。若沒有相應的回憶，可以嘗試為該情緒詞編寫一個故事。

當然，描述情緒的方式不限於使用詞表，你也可以使用個人化的方式去表達自己的情緒狀態。當你用一個詞語或語句描寫自己的情緒狀態後，再嘗試描述情緒的強度或頻率，並且打分數。

第三步：在第二欄寫下自己的自動思維。

使用前文介紹的方法（見一四四、一四七頁），透過一系列問題的探索，在事件的前後寫下「我想到了什麼」。

五欄表是針對ABCDE理論進行編製的。在ABCDE理論中，D是指人們與B所代表的思維和信念，進行辯論及干預，這是認知行為治療中的關鍵步驟，也是該理論的核心。當人們改變了不良的認知後，情緒和行為結果將會隨之改變。E即是當人們用新的認知和想法看待事件後，會產生的新情緒體驗和行為表現。

ABCDE理論是ABC理論的一個擴展，不僅能幫助人們進行情緒覺察和理解，以此看到情緒是如何產生的，還能幫助人們透過改變認知去調節或改變情緒。

來看一份五欄表，如左圖所示。

A 事件	三月三日：我又拖稿了。
B 想法	1. 「沒寫完稿子，這本書出版不了了。」 2. 「我不能勝任這份工作。」
C 後果 （情緒／行為）	1. 感覺很焦躁，焦慮程度 70 分。 2. 頭昏昏沉沉的，過了大半天還不肯打開電腦。
D 干預和辯論	1. 「拖延意味著完成得慢。」 2. 「完成的速度慢有多種解釋，比如我對稿子的品質要求高。」
E 效果	1. 焦慮感降低了 20 分。 2. 保持了較長時間的專注寫作。

當你嘗試用三欄表去覺察自己的情緒，理解自己的情緒是如何產生的之後，就可以用五欄表和前述的提問方法（見一四四、一四七頁），來與自動思維進行辯論了。

採用更合理、更現實的想法去理解事件之後，消極的情緒狀態就能夠得到緩解，我們也更有可能開始採取行動，改善自身的處境。

有時候，B欄的回答往往是「最壞的結果是什麼」的答案，所以，你可以將「最有可能的結果是什麼」的答案放在D欄，這樣能讓自己對事件的理解更接近現實，進而改變消極的行為反應和情緒感受。有時候，我們甚至可以將「最好的結果是什麼」的答案放進D欄，特別是面臨具有挑戰性的事件時，這種填寫方式會帶來更積極的結果。

表格的填寫只是一種覺察和認知，如果只是「假裝」填寫，而不能像表格中的想法一樣去感知世界並採取行動的話，效果是不明顯的。這也是很多具有憂鬱傾向的人，無法只從認知層面發生改變，進而立刻痊癒的原因。對於這樣的人來說，還需要結合行為訓練，才能發揮效果。

也就是說，當我們無法立刻帶著新想法來面對當下的處境時，就「假裝」自己相信這一點好了。帶著「假裝」的新信念開始行動，慢慢地就會發現自己正在改變。

轉移注意焦點，關注事物的積極面

1 奇怪的群體

知乎網站上曾有人提問：「在生活中，如何從上一件事情的情緒中抽身出來，調整狀態，開始做下一件事情？」比如我喜歡看球賽，如果支持的球隊輸了，那麼我會在心裡鬱悶一會兒，而且在做接下來的事情時，這樣的情緒會影響我的思維，讓我一直停留在鬱悶的情緒中。這時，應該怎麼解決這個問題呢？

在回答這個問題之前，我先講一個關於自己的故事。有一次，我加入了一個社群軟體中的股票群組。我很早就開設了股票帳戶，幾輪沉浮讓我對金融市場有所瞭解，有了餘額寶之後，股票帳戶就被我擱置一邊了。可能是由於近期大盤行情不錯，我的開戶券商主動聯繫上門，拉我進了一個群組。我很清楚這種群組的性質，並不擔心自己會在其中被坑被騙，而是帶著一種研究的心態看這些人是如何做事情的。

可惜，我才堅持不到一天，就受不了這個群組裡的氛圍了。

不到一百五十人的群組，一天下來有五千多條資訊輪番轟炸，大多數發言的人都盡顯急切、焦慮、懊惱和震驚的情緒。有人驚訝於這兩天群組組長在大跌環境之下竟然能選中大漲的個股；有人懊惱自己沒有聽群組組長的意見，在幾點幾分之前買入某個股；有人曬出自己的交割圖，炫耀自己聽從了群組組長的建議，兩天已經漲了八、九個點……

奇怪的不是群組裡的「群魔亂舞」，我很清楚在這些發言的人當中「演員」居多。令我感到有趣的是，自己的心態發生了變化。我這個多年不碰股票的人，會因為這個不停跳新消息出來的群組，而不斷地查看股票行情，被群組裡跌宕起伏的個股消息弄得興奮不已。這種情緒就如看到自己支持的球隊輸掉之後，心裡久久不能釋懷。它具有極強的吸附性，讓我在接下來很長一段時間裡，注意力都被吸附在這件事上，無法投入到工作中。

於是第二天，我退出群組並刪除了拉我進群組的券商客服。

事後回想，我認為這種事情之所以讓人們難以脫身，很大原因在於兩點：第一，事件本身具有的輸贏或對賭性質；第二，人們對於事件高度的自我涉入。

不論是球賽、股市，抑或一場辯論賽、與他人激烈的爭吵等，這些事情都具有競爭和衝突的性質，甚至有些矛盾是異常激烈的。旁觀這種事件，都會令人腎上腺素飆升，激動不已。很多體育競技引人入勝，正是由於它們具有非常強烈的對抗性。觀看一場對抗激烈、打到最後一分一秒才分出勝負的球賽，感受必然是酣暢淋漓、非常過癮。此時，若僅僅旁觀競賽或衝突，自己並不支持哪一方，也沒有涉及任何利益，人們可能激動一陣兒就過去了。若對比賽本身有高度的自我涉入感時，最終的輸贏可能會令人無法忘懷，持續影響人們很長一段時間。

有兩種形式的自我涉入，比如關注股票和支持某個球隊，就分別代表了利益和立場的涉入。每次媒體報導一個重大的新聞事件時，若涉及男女關係，像是哪個明星出軌了之類的八卦新聞，網路上必然掀起軒然大波，網友紛紛出動，不停地將口水噴向他們眼中有錯的那一方，一吐為快。這種群情激奮的狀態，正是由於自我立場的涉入。因為當你仔細去看每件事背後的一些隱藏資訊就會發現，在男方出軌的事件裡，紛紛出動、異常興奮的大多數是女網友；而在女方出軌的新聞中，文字激揚，猛吐口水的多數是男網友。不難理解，這種行為其實是站在自己的立場表達情緒。

面對這樣的事情，如果希望自己全身而退，首先要做的就是阻斷接觸。很多時候，人們無法從這種情緒中抽身，是由於最初的不服和不爽，而反覆去查看、閱讀、接觸這件事的報導和各類資訊。我們可以回想，每當看到自己支持的球隊輸掉比賽後，是否會打開各大媒體網站，看看各類賽後報導，甚至在評論區和網路上的球迷打打嘴仗？

因此，若想要盡快從情緒困擾中脫身，第一步就是阻斷接觸，就像我所做的選擇：果斷退出群組。

第二步是回到當下或轉向令人愉悅的事情中。人們會把很多立場和利益捲入到事件裡，但其實當事情結束後，立場和利益就已經結算了。哪怕因為支持一支球隊而購買了彩券，隨著比賽結束，勝負所帶來的金錢利益也已經結算。所以，此時要讓自己回到當下，回到接下來要做的事情當中。

你可以給自己設定一個期限，在一定時間內，允許自己為此沮喪和懊惱。待這段時間過去，必須立刻讓自己回到當下，開始眼前的工作。設定這個期限時，最好舉行一個儀式，例如在手機中設一個計時鬧鐘，時間一到手機一響，就做出決定：這件事過去了。

2 粉紅色大象

有人在網路上詢問：「被人痛罵之後，該如何調整好情緒？」

在這個問題下面的回覆中，最炙手可熱的回答是一位消防隊員和一位交通警察所講述的自身經歷。有趣的是，網友挑選出這兩個故事為最佳答案，正是因為消防隊員和交通警察身分的特殊性，他們的職責是為人民服務，卻往往在一些場合中得不到理解和尊重，甚至遭受質疑和痛罵。在這種被誤解、被質疑的經歷中，委屈、憤怒和無奈的情感深深地打動了人們，因為我們每個人或多或少都體驗過那種付出很多心血卻被他人誤解、謾罵的感受。

在交通警察和消防隊員的回答中，他們不僅講述了自己被人痛罵的經歷，使讀者深感同情；另一方面，他們也講述了自己幫助他人的點點滴滴，看到人們因為自己的工作而生活得更幸福的時候，他們的心態得以平和。

「關注事物的積極面」與「重新對事物進行積極的評估」並不一樣，前者無須重新解讀和理解事物。事物的兩面性往往同時呈現在人們眼前，人們時而因痛苦而關注負面的資訊，時而因感動而關注積極的訊息。關注事物的積極面，本質上是一種注意力轉移的策略，在因強烈情緒而無法控制行為時，它是最適合的認知策略。

這是心理學教材中一張非常經典的圖。將不同顏色看作背景，我們可以看到兩個相對的人臉，或是一個杯子。這個例子說明的是人的知覺範圍是有限的，當你把注意力放在一部分物體上時，知覺對象會變得清晰，其他部分就成了背景而變得模糊。這就像是在攝影時變換焦距，讓人像清晰、背景模糊化，或讓背景清晰、人像模糊化。轉換注意力就像是轉換知覺的焦距，讓人們看到事物不同的一面，改變那些當下令人煩擾的噪音帶來的影響。

人們在尋求心理諮商時經常會問：「我

感覺很憂鬱、很焦慮、很痛苦、很煩躁，該怎麼辦？」然後，開始描述自己遭遇情緒困擾的原因。其實，當人們運用「避免痛苦」式的語言去描述自己的狀況時，注意力反而都聚焦在負面感受上。若轉換一種說法，去問一問自己：「我要怎麼做才能讓自己開心、放鬆、平靜、樂觀起來呢？」這樣一來，事情可能就變得不一樣了。因為當注意力的焦距放在正面感受上時，腦子裡想到的會是各種令人愉悅的可能性。

有一個有趣的心理學實驗證明了這一點。在這個實驗中，參與者被要求不要想像房間裡有一頭「粉紅色大象」，可是盡管參與者非常努力，卻沒有人能成功做到。當人們不斷抑制腦子裡奇怪的「粉紅色大象」出現時，它反而在我們的想像空間中揮之不去。現在，你的腦中是不是也漂浮著一頭「粉紅色大象」呢？

這個實驗說明了，人們永遠無法「不去想」什麼。這是一個永恆的悖論：「不去想」什麼，正是「在想」什麼。所以，當運用「避免痛苦」式的提問尋求解決方案時，痛苦的想法已經不可避免地存在於大腦中，它讓人們感受到自己的無力和焦躁不安。所以，我在面對來訪者的「如何避免」式提問時，往往會引導來訪者去看一看自己想追求的是什麼。將注意力放在「我想要」的時候，記憶會停留在那些令人愉悅和心曠神怡的時刻，當下想要避免的問題自然變成了背景。

3 對故事的感同身受

在電視劇《歡樂頌》熱播的時候，大家紛紛討論「五美」中哪位女主角讓我們更喜歡。有人喜歡性格耿直、大大咧咧的曲筱綃；有人喜歡勤奮努力、安靜乖巧的關雎爾；有人喜歡神經大條、樂觀開朗的邱瑩瑩；有人喜歡性格高冷、能力超凡的安迪；也有人喜歡樂於助人、熱心腸的樊勝美。在各大社群媒體上，大家爭論不休，甚至不同陣營的論戰看起來火藥味十足，人們為自己喜歡的角色助陣時，還不遺餘力地批評另一些角色的缺點。這讓人不禁感嘆，人們喜歡的可能不僅是一個個栩栩如生的人物形象，而是喜歡將自己的故事融入其中。他們可以在這些故事中或多或少見到自身的影子。所以，為「五美」表達，即是為自己發聲。

美國著名心理學家羅伯特・史坦伯格（Robert Sternberg）說：「愛情是一個故事。」

初次與他人見面時，我們自然想要更深入地瞭解對方，看看雙方的想法是否一致。我們希望自己對他人的第一印象符合事實，用事實替代虛構，用事實替代故事。在瞭解他人的過程中，我們認為自己用「事實」替代了「虛構」。但是，如果思考一下第一印象、求婚與婚禮儀式，我們就會發現這種替代並不是真的。我們帶著許多先入為主的想法投入一段親密關係中。這些想法或故事本身並無對錯之分，但在適應性上存在差異。換句話說，是在對周圍環境的適應性上存在差異。例如，我們的文化把愛情視為婚姻必不可少的一部分；而另一種文化認為愛情和婚姻無關。在這兩種文化下，這些價值觀不是被當作帶有主觀色彩的文化傳統習俗而傳遞的，而是被當作是否問題來傳遞的。被視為「事實」的是關於事實的看法——故事。

——《愛情是一個故事》（*Love is a Story*）／羅伯特・史坦伯格

對自身過往所講述的故事，即生命敘事，將會是人們看待一個事件「先入為主」的背景聲音。人們不僅透過故事連結了外部事件，更串連了他人。透過故事，人們彼此形成連結。

故事裡有人，而接觸他人是安放個人情緒的最佳良藥。所以我們可以看到，講故事和聽故事的需要，其實是我們接觸他人的需要。

小時候，我覺得自己特別怕黑，所以晚上一個人在家時，總要把屋裡弄得燈火通明，可是儘管如此，我依然感到恐懼。直到我把電視機打開，在螢幕裡看到人，我不安的情緒就立刻得到了緩解。但是，有時候我打開的頻道在播放《動物世界》，非洲獅在草原上奔騰，畫面中只有大自然的聲音，我的那種恐慌和無助在那時並沒有消減。直到旁白開口說話，坐立不安的我才得以平靜下來。

長大後，我感到自己很怕孤獨，所以如果晚上一個人在家，總要打開電腦或手機，流覽社群媒體，或者看電影。在朋友圈看到朋友們的動態，或沉浸到電影裡體驗各種故事，孤獨的情緒才會漸漸舒緩。

人類是非常害怕孤獨的物種，一個人的孤獨是無法承受的。所以人們會參加各種團體，讓自己融入各種環境中。可是，不論如何努力，在狂歡之後，人們發現那份孤獨依然無法得到撫慰。

因為沒有辦法和他人真正地融為一體、體驗別人的感受、看到別人的世界、理解別人的立場、清楚別人的選擇，我們害怕如此，卻又不甘心如此，所以發明了故事。用講故事的方法向他人展示自己的世界，用聽故事的方法讓自己進入別人的世界，在他人的故事中去尋找認同。

我們無法在現實的世界和他人融為一體，那麼就在想像的世界中融為一體吧！

令人們抱憾而終的愛情化身為蝶，成為梁山伯和祝英臺；共創事業的兄弟情義化身劉關張桃園結義；拯救世界的豪情壯志隨漢武帝金戈鐵馬一路北去……人們在故事中找到了共同的自我，打開感官去體驗一個故事，感而遂通。也因此發現，人和人內在的情感其實如水井一般，地下井脈相連。

初中時，我喜歡讀韓寒的《三重門》，因為那是中學生的故事，考試是我們擁擠著要跨過的三重門；高中時，我愛讀《小王子》（*Le Petit Prince*），因為那是一個孩子長大成人的故事，在長大過程中，他學會了愛和擔當，我也希望自己快快長大；大學時，我愛看電影《刺激 1995》（*The Shawshank Redemption*），因為那是關於堅持和自由的故事，象牙塔裡的我們嚮往詩和遠方；現在，我會被電影《天水圍的日與夜》所感動，因為這是一個普通單親家庭的生活故事，生活賦予了人們感動，那是關於我們每個人的普通生活。

我們聽故事、看故事，也從故事中看到自己；我們說故事、演故事，也用故事讓別人看見。

向下比較「不幸中的萬幸」……

1 對於「增長」的信仰

曾經有一段時間，我常常做同一個噩夢。

在夢中，我體驗到一種下墜的感覺。有時候，我不知道自己身處何處，看不清周圍的環境和事物，在大汗淋漓地驚醒後，只記得那種無限下降的感受，彷彿沒有東西能夠抓緊我，讓我不再往下墜落。有時，我能夠依稀記得周圍的環境，如山脈犬牙交錯、高高低低。身處山崖之間，我起初看到的是周圍越發挺拔聳立的山峰，漸漸地它們上升的速度越來越快，我才突然意識到，不是山峰在升高，而是我腳下的岩石在下墜；有時是在電梯中下降的場景，在到達一樓之後，電梯繼續下降，地下一樓、地下二樓……一直往下，數字的遞減似乎不會停止，周圍的黑暗撲面而來，我感到越來越壓抑、深沉，令人窒息。

成為一名諮商心理師之後，我常常聽到別人跟我講述類似的夢，似乎「墜落」是一種象徵人類恐懼的集體無意識。我不斷探尋、反思，想知道到底為何我們如此恐懼「墜落」。漸漸地，我從來訪者身上領悟到，「墜落」其實意味著人生正在「下降」或不再「上升」。正是這種停滯甚至倒退的隱喻，令人感到不安。

在歐文·亞隆（Irvin D. Yalom）的小說中，著名醫生布雷爾和心理學家弗洛伊德有一段談話，布雷爾講述了一個自己反覆體驗到的夢：他站在一座墓碑上，突然那座墓碑向下降落了四十英尺。弗洛伊德很好奇：為什麼是四十英尺？我們在夢裡真的能夠準確地感知到距離嗎？是因為「四十」這個數字有什麼特殊的含義嗎？於是，他們開始回憶這個夢境出現的時間，是否和「四十」這個數字有關聯。在一段時間的沉默後，布雷爾發現，這個夢出現的時候他剛剛過完四十歲生日。弗洛伊德如獲至寶般地歡呼這個「發現」，點燃了雪茄，慶祝他們共同創造出來的一個理論假設：夢是潛意識的表達，夢中的線索用各種隱喻的形式，透露出做夢人內心深處的願望與感受。布雷爾的四十英尺正反映了他對自己年過四十歲、人生悄然流逝的一種恐慌。他感覺，人到了這個年紀，人生的許多事情都已經無法改變，生命的後半旅程很難再有什麼突破與進步，甚至只會往後倒退。

在二十世紀初，心理學家榮格（Carl Jung）提出了「中年危機」的概念。直到今天，這個概念依然流行，很多人都能真切地體會人到中年時那種「難以再上升」的恐慌感。

停滯和倒退，成為人們極力避免的一件事情。向上看齊，成了現代人的一種堅定的信仰。

人類的發展可以踩剎車嗎？

一旦人們意識到我們正以如此的高速衝向某個位置，而且還沒辦法指

> 望自己死得夠早，常有的反應就是希望有人來踩剎車，減緩我們的增長速度。但是我們不能踩剎車，而且理由很充分。
>
> 首先，沒有人知道剎車在哪兒。專家各有所長，他們精通人工智慧、奈米技術、大數據或基因遺傳學，但沒有人能成為一切領域的專家。因此，沒有人能真正地把所有點都串聯起來，看到完整的全貌。不同領域之間的影響錯綜複雜，就算最聰明的頭腦也無法預測人工智慧的突破會對奈米技術有什麼影響；反之亦然。既然沒有人瞭解整個系統，當然就沒有人能夠阻止。其次，如果我們設法成功踩了剎車，就會讓經濟崩潰並拖垮社會。若要維持現代經濟，就需要不斷且無止境的增長。
>
> ——《未來簡史》／尤瓦爾．赫拉利（Yuval Noah Harari）

我把人類社會這種既有趨勢稱為「增長信仰」。每個人都相信，我們處於一個增長的世界，發展是世界的核心規則。沒有人對此提出反對意見，也沒有人思考過，如果不增長呢？這種對增長的信仰在經濟運行中展現得淋漓盡致。

二〇一八年二月二十六日，某家上市公司發布了該企業二〇一七年的年度財報，這家公司營業收入同比增長二十一％，淨利潤同比增長二十％，並預測二〇一八年第一季度的淨利潤同比增長在十％至三十％區間。這樣的年度財報公布後，人們會有怎樣的反應？公司股票價格的走向會如何呢？如果缺少背景資訊，大多數人也許會猜測，人們應該會非常驚喜，大肆買進該公司的股票，讓股價瞬間上漲吧。可是，在二月二十七日上午九點十五分，該公司的股票價格在集合競價時段，竟直接跌幅十％，跌出當日最低價，而且連續兩個交易日持續跌停。這令人跌破眼鏡，為什麼面對一個增長幅度如此之快的企業，人們卻做出了完全相反的選擇？

因為人們感覺到了恐慌！回顧這家公司過往的增長歷史，在過去很多年，這家企業每年都以超過四十％的速度在增長，這樣的高速增長大大提高了人們對於這家企業甚至整個行業發展前景的無限想像。所以，早在這之前，股票價格已經上升到很高的位置了。而今年的增長僅在二十％左右，增長幅度的大幅下降，打破了人們對於這家公司高速發展神話的「增長信仰」，人們開始看到，原來這家公司是可能「下跌」的，哪怕現在僅僅是在增長速度上出現了下滑，依然令人驚慌，以至於市場做出了過度的反應，人們競相拋售股票。

可是，是什麼讓我們如此相信，未來一定是向上的呢？

有一首歌叫作《明天會更好》，它是這樣唱的：

唱出你的熱情　伸出你的雙手
讓我擁抱著你的夢　讓我擁有你真心的面孔
讓我們的笑容　充滿著青春的驕傲
讓我們期待明天會更好

它的創作初衷是呼籲世界和平，讓戰亂中的人們相信明天會更好。後來，在許多公益場合中，它逐漸成為一個令人感動的溫馨歌曲，在給予人們力量和勇氣的同時，增進了人們對於「增長」的信仰，因為明天會更好。

我們重新審視一下人類關於「向上看齊」與「增長」的信仰，直接面對這個令人恐懼，但可能會給我們帶來救贖與新生的問題：如果「增長」停止了，明天哪怕不會更壞，但也不會更好嗎？我們該如何度過自己的人生？

這是每個真正面臨中年危機的人，被命運逼迫到牆角而不得不去面對的問題。在回答這個問題時，需要像心理學家榮格一樣重新審視自己對於「增長」的信仰，重新審視自己對待生命的看法，進而逐漸擺脫中年危機，重獲新生。

若我們能夠更早面對這個問題呢？

不要等待被命運逼到牆角的境地，要直接勇敢地去看一看，在當下，我們要如何面對自己的處境。

曾經有一位來訪者因為工作壓力巨大而來尋求心理諮商，她感覺自己這幾年的工作就像是一場沒有盡頭的馬拉松，她必須時刻不停地奔跑，才不會被他人甩在後面。在諮商室裡，她回顧了短短幾年來的職場經歷：一年一升，年紀輕輕不到三十歲，就成為公司核心部門的負責人。後來公司準備上市，而她將再次晉升為副總裁，有機會拿到大量股權，可是她感到巨大的壓力和疲憊感。她感覺自己的能力在接近極限，就像馬拉松的後半段，她已經精疲力竭，但賽道的終點依然遙遙無期。這種感覺令人絕望，她幾乎接近崩潰，身體上也出現了各種症狀。

她對自己的能力無法再有突破和提升，但需要承擔更多責任的現實處境，產生了巨大的恐慌。她深感自己無法再次「加速增長」，很難勝任工作。我好奇地詢問她，是否可以慢慢地適應晉升後的新職位，但她不斷地強調，要迅速適應，要加速成長，這樣才不會被淘汰。正是如此才彷彿有無盡的賽道在腳下蔓延，她才感受到時刻都有人會從背後超越她。

我詢問她，賽道的盡頭迎接你的是什麼呢？她陷入了長時間的沉默，這是她從未想過的問題。超越與增長這件事情本身，麻木了她對當下的感知，她陷入了自己營造的「過程烏托邦」中。彷彿只有一直在「增長的過程」中，才意味著擁有「美好的未來」，可是未來在哪裡呢？

後來，她慢慢接納「跑累了可以歇一歇，哪怕被人超越也可以接受」的觀點。因為她開始學會重新審視自己的「向上看齊」的思路，並嘗試用一種「向下比較」的思路去看待自己。

看到過往的自己，如何一步步成長為現在的自己；看到有很多人並沒有得到和自己一樣多的資源和機會，她終於感覺到其實自己已經很幸運了。

「這真是不幸中的萬幸。」

2 對永恆的盼望

往深處思考，「增長」有盡頭嗎？「向上」有天花板嗎？力量的增長是否最終指向永動機？數量的增長能否達到無限？生命的向上是永生嗎？

或許「向上看齊」的信仰，從根本上講是我們對永恆的盼望。

不論是感覺像在「跑無盡頭的馬拉松」的那位來訪者，還是害怕墜落的我們，大家都在盼望一種永恆的狀態。人們希望自己擁有某種「神性」的力量，以永恆存在的方式保存自己。在過去科學力量弱小的時候，人們透過宗教來達成對永恆的期望，以來生、天堂和輪迴化解對墜落的恐懼。而當科學力量日益強大的今天，人們放棄對舊的永恆故事的信仰後，就需要新的永恆故事來填補人們對「神性」的追求。於是，「增長信仰」成為人們找到新故事之前的替代品。「沒有盡頭的馬拉松」、「無窮無盡的墜落」成為我們缺乏新的永恆故事所引發的集體恐慌。

一切都有結束，一切都可能衰退，這是所有人的共同命運。歐文·亞隆說：「沒有任何一個人能夠不被存在的內涵悲劇所影響。」缺乏永恆故事的集體恐慌，反映的或許是人們對死亡的焦慮。在大多數時候，人們對於死亡的焦慮潛伏在無意識中，而當一些事情發生的時候，它才會衝破思想的禁忌，縈繞在人的腦海中，帶來揮之不去的焦慮與恐懼。這些事情包括但不限於：見證身邊的人傷逝、校友重聚、重大的週年紀念、生日、哀傷之夢、一段關係的結束等。這些事情有一個共同的特點，它們都是一個階段結束的見證，它們提醒著我們：一切都會過去，一切都有結束。

網路上曾經流傳一篇令人震驚的小學生作文，文中描寫了一段對時間的思考：

> 對人而言，沙粒不斷墜落的過程象徵著光陰的流逝，但也不能單單認為這是自己的失去。如果將我出生的那一刻定義為擁有全部時間的話，時光確實從我手中流逝了；但如果將我死去的那一刻定義為我擁有了自己全部時間的話，那麼我一直都未曾失去過時間，而是一直在獲取時間。

是時間給予我，還是我在失去它？這個觀念的轉變會大大改變你對世界的看法。失去總是令人痛苦的、焦慮的，而獲得是令人欣喜的、感激的。懷著「向下比較」的心態，以死亡為起點，我們其實在不斷獲得。這種「獲得」完全不同於物質增長所帶來的感受，它不是得到物質，甚至不是得到精神，而是得到更多的「存在」。這種「獲得」在我們有意識的每時每刻都在發生，它不會隨著物質的增減而加速「增長」，也不會隨著物質的增減而開始「墜落」。覺察到這種持續的「獲得」，將改變你對「失去」的恐慌，也就可以讓自己在「無盡頭馬拉松」裡放鬆下來，重新思考生命中重要事物的排序。

3 幸福感的回歸

心理學家關於人類幸福感的研究有這樣的發現：從長時間來看，一個人感受到的幸福感與他短時期內所經歷的事件，沒有必然的關聯。因為，人類的內心具有高度的適應性，會很快適應幸福的感受，所以巨大的增長和意外的財富，都只會暫時刺激一下人的感官，令人產生短期愉悅與驚喜。可是一段時間之後，人們適應了這種增長，幸福感會回歸到事件發生之前。

同樣的，因人類具有這種高度適應性，所以也能夠適應負面的感受。當巨大的損失、意外的傷害到來之際，人們會產生暫時的低落和哀傷。可是隨著時間流逝，人們適應了這種失去，失落感會回歸到事件發生之前的狀態。

所以研究顯示，從長遠的時間來看，一個人的境遇如何，並不會改變他這一生所具有的幸福感。與幸福感有關係的因素，反而是這個人身上的某些特質。

具有審視「向上看齊」的能力，以「獲得」時間的態度面對生命，這種「向下比較」的心態看待自己的處境，是一種持續增進幸福感的有效方式。因為，人生的幸福感是趨於恆定的，「向下比較」是「多」，「向上看齊」是「少」。你會如何感知自己的幸福呢？

嘗試以「向下比較」來思考自己的處境：

1. 以全人類為總體，在個人力量、認知水準、身體健康、經濟狀況、人生經歷等方面，大約有多少人會比我糟糕？

2. 以生命全程為總體，在此時此刻所處的人生階段，我在個人力量、認知水準、身體健康、經濟狀況、人生經歷等方面，比以往何時更好？

3. 以當下的困境為例，這件事會給我當下的人生階段帶來怎樣的負面影響？例如給我的個人力量、認知水準、身體健康、經濟狀況、人生經歷等方面，帶來什麼負面影響？與失去生命、失去雙腿、雙目失明、配偶去世等情況相比，這個困境有多渺小？

焦慮讓我什麼事都做不了

1 「焦慮讓我無法行動」

在知乎網站上有這樣一個提問：「為什麼心急如焚、時間很緊迫的人，反而更願意選擇玩遊戲？」

這個現象戳中了無數人的痛點，讓他們大呼救命。有不少人問我：「我得了拖延症，該怎麼辦？」「時間一點點流逝，可是我依然沒有開始行動，這讓我焦慮得受不了。要如何讓自己放鬆下來？」「我越感覺到焦慮，越無法開始行動。我該怎麼辦？」原因在於，一開始人們就被看起來充滿挑戰的任務打敗了，之後的拖延掙扎只不過是一種迴避，讓自己盡可能不去面對腦海中已經認定的「失敗結局」。彷彿晚一秒去面對，就能少一秒挫敗感。這種迴避讓原本看起來充滿挑戰的任務，變得越來越「不可能完成」，而這種「不可能完成」的感受反過來又加劇了這種挫敗感，讓人們更想迴避它。這種惡性循環令人痛苦不堪。

可是，若在整個循環的一開始，直接面對這種「挫敗」帶來的恐慌與不確定感，你就會有新發現：讓人們無法開始行動的，並不是隨著拖延而逐漸蔓延生長的「焦慮」，而是一開始就在腦海裡喃喃自語的那個聲音——「這件事情我做不好，該怎麼辦呀！」

曾經有一位輕度憂鬱的來訪者跟我說，每當她因為壓力巨大而感覺痛苦難受時，就會去看一部電影，不去思考和面對那些令人無法喘息的壓力。

我問她：「這樣有效果嗎？」

她點點頭說：「有效果，可以讓自己放鬆下來。」隨即又馬上搖搖頭，「可是沒有解決根本問題，看完電影之後我會更難受，感覺自己完成任務的可能性又低了一些。可是，我不知道還可以怎麼做。」

我總結道：「所以，你一直在採用這種實際上無效的行動，而且找不出其他有效的辦法。」

她感到全身沉重、無力，彷彿置身於幽暗的谷底，找不到出路。在沉默中，她將身體重心往下沉，把整個身子縮進沙發裡。

隨後，她長嘆一口氣說：「唉，要是可以不那麼著急，慢慢地去完成，我覺得還可以做到，但是現在一切都來不及了。」

我順著她的思路去鼓勵她：「所以，你感覺到完成這件事是可以的，只是時間把你逼到了牆角。那我們可以嘗試一部分一部分地完成它吧。」隨後，我請她開始對自己的任務進行規畫，將「不可能完成」的想法先擱置一邊，將「巨大」的目標拆分成若干小目標，而當下的任務是，只關注今天需要完成的部分。

當這位來訪者在下一週來見我的時候，她告訴我，這一週她開始行動了，只有一天沒有按照計畫完成任務。我鼓勵了她，好奇她如何取得如此巨大的進步。她說，我的支持讓她覺得很有力量，所以她把我們每週諮商的時間寫在書桌上，並且將進行任務的時間，安排在每天那個時刻開始。每天下午兩點，鬧鐘一響，她都會先看一看書桌上寫下的時間，在腦海裡默念一遍「我的諮商心理師相信我可以」，以此來驅趕時常探訪的那個「不可能完成」的聲音。

隨後幾週，我和她繼續規畫每週的行動計畫，並設想了各種可能的困難和應對方法。最後，她趕在截止期限之前完成所有的任務，實現了「不可能完成」的目標。

這位來訪者讓我深受啟發。若你也正遭受拖延症的苦惱，被巨大的壓力所迫，不妨為接下來的行動進行規畫：

1. 這項任務包含哪幾個部分，或執行它需要哪些步驟？
2. 每個部分或步驟需要多少時間去完成？分配到每一週、每一天，要多少時間？

3. 如果我相信「這件事能夠完成」，誰會支持我？他會建議我如何去做？

4. 為開始著手完成這件事，制定一套固定的儀式。

2 生活要有儀式感

儀式感很重要。有時候，固定的儀式能夠讓人們對事情本身產生「意義感」，進而推動行動。就像我的來訪者將諮商時間當成一個儀式的開始，每天的那個時刻被賦予了特殊的意義，讓她能夠堅持下去。

狐狸說：「你每天最好在相同的時間來。比如說，你下午四點鐘來，那麼從下午三點鐘起，我就會開始感到幸福。時間越臨近，我就越感到幸福。到了四點鐘的時候，我就會坐立不安；我就會發現幸福的代價。

但是，如果你隨便什麼時候來，我就不知道該在什麼時候準備好我的心情……應該有一定的儀式。」

「儀式是什麼？」小王子問道。

「這也是經常被遺忘的事情。」狐狸說，「它就是使某一天與其他日子不同，使某一時刻與其他時刻不同。」

——《小王子》／安東尼．聖修伯里（Antoine de Saint-Exupéry）

在學生時代，上課鈴聲就是一種儀式。它一響，「起立！」、「老師好！」、「同學們好！」、「坐下！」這一套儀式的完成，在學生心裡就形成了一個印象：休息結束了，在接下來的四十五分鐘裡，我需要認真聽課。

你需要給自己創造一個「上課鈴聲」，提示自己開始行動。

就像早上的鬧鐘一樣，它一響，你就知道一天的生活就要開始了。

有很多人向我訴苦，說自己有起床困難症，鬧鐘簡直就像是可怕的惡魔，他們甚至非常討厭它的存在。而當我有了第一份工作，需要早上七點半起床時，我也非常痛恨鬧鐘的存在。每天早上鬧鐘響起之後，我都會按貪睡鍵，往後延遲三分鐘，當它再次響起，我又痛苦地往後延遲三分鐘。後來，我慢慢地養成了習慣，鬧鐘響起後往後推遲兩次三分鐘，成為我每天起床的固定時刻。鈴聲對我產生了固定的含義，我不再無止盡地拖延。自然地，我也停止了因起床困難而產生的自責。只要把鬧鐘往前設置六分鐘，我每天早上的起床就變得順利起來。

喜歡看籃球的朋友都會有這樣的印象，在NBA比賽當中，許多運動員在罰球之前都會有一套固定的動作。每個人都會給自己一個解釋，說這樣的準備動作會給自己帶來「好運」，而每位運動員的這套儀式性動作都不一樣。著名球星史蒂夫・奈許（Steve Nash）在罰球前會擦一下鞋底並舔一下手；同一時期的控球後衛傑森・基德（Jason Kidd）在罰球前會對籃框做一個飛吻動作，他解釋這個吻是送給在家裡看比賽的妻子；紅極一時的華盛頓巫師隊關鍵先生吉爾伯特・亞瑞納斯（Gilbert Arenas）會在罰球前把球在腰部環繞三圈，他說透過這個動作可以趁機讓自己調整一下呼吸。每個人都有一套自己信仰的罰球儀式，這或許是「迷信」，做完那套動作也許不會提高運動員的罰球命中率，但他們仍堅持進行。

「相信」所帶來的心安，真的能夠發揮「安慰劑效應」，讓人快速地冷靜下來，提高做事情的效率。

在電影《歲月神偷》當中，吳君如主演的羅媽媽常常說一句話：「做人，就是要信。」儘管家境貧寒、命途多舛，不僅全家遭受大自然帶來的災難，房子被毀，而且兒子羅進一身患血癌生命垂危，羅媽媽依然堅信，生活會變得更好。她每天去醫院探望生病的羅進一，羅爸爸給她做了一雙新皮鞋，讓她能夠在每天前往醫院的那條路上走得更輕鬆。羅媽媽說：「鞋字，半邊難，半邊佳，一步難，一步佳。難一步，佳一步，走走就過了。」正是對於生活的堅定信念，讓這個家庭在困難中一步步前進。

儀式感的力量產生於信念。當人們相信自己能夠拋開「不可能完成」的想法，相信這一套儀式包含了開始行動的意義時，就能夠做到。

3 奪回理性思考的陣地

前面是一個成功的例子，我鼓勵來訪者拋開「不可能完成」的想法，對大目標進行拆分，一個階段內只關注當下要完成的部分，並給每個階段制定行動計畫，讓她可以順利開始行動。

對於拖延症患者來說，一旦開始行動，事情就會變得順利起來。可是依然有不少人很難開始行動，他們無法停止「不可能完成」這個想法，並不斷對已經流逝的時間感到後悔，深深自責著。

這種「不可能完成」的想法，已經成為一種直覺，而不是能夠主動覺察的想法。直覺的形成往往來自於經驗。

陳康肅公堯諮善射，當世無雙，公亦以此自矜。嘗射於家圃，有賣油翁釋擔而立，睨之，久而不去。見其發矢十中八九，但微頷之。

康肅問曰：「汝亦知射乎？吾射不亦精乎？」翁曰：「無他，但手熟爾。」康肅憤然曰：「爾安敢輕吾射！」翁曰：「以我酌油知之。」乃取一葫蘆置於地，以錢覆其口，徐以杓酌油瀝之，自錢孔入，而錢不濕。因曰：「我亦無他，惟手熟爾。」康肅笑而遣之。

——《賣油翁》／歐陽修

在技能的掌握中，我們知道練習能增加經驗，經驗能帶來熟練，就像老司機可以一邊和你侃侃而談，一邊順利駕駛，而當新手上路時往往需要全身心投入一樣。這種差異就在於經驗的累積，經驗讓人們對於某件事情的操作能夠較少依賴大腦的理性判斷，而是成為一種自動化的直覺判斷。

同樣地，在應對日常生活中的普通事情時，經驗的累積同樣會引發理性缺席，直覺占位。所以，令人挫敗的經驗就會帶來「不可能完成」的直覺判斷，它不依賴於事情本身的難度或者客觀上完成它的可能性，而是基於由挫敗經驗帶來的累積效應，讓人們在面對相似的情境時，用直覺取代理性。

心理學家彼得·萊文（Peter A.Levine）做了一個著名的實驗。他提出了三個小問題，需要參與者不假思索地回答：

1. 你怎麼稱呼從橡樹籽長成的樹？
2. 你怎麼稱呼一個好笑的故事？
3. 雞蛋的透明部分是什麼？

萊文發現，大部分人的直覺是橡樹、笑話、蛋明。前兩題的經驗讓我們形成了這樣的直覺——字面意思的組合就形成了問題的答案。所以這個經驗形成了直覺習慣，進而讓我們答錯第三題。其實，第三個問題的準確答案是「蛋白」。

同樣的例子比比皆是，小時候我們常常玩類似的遊戲。例如，我邀請你做這樣的練習，快速反覆地說出「老鼠」二字，重複十遍。說完之後，立刻回答：「貓最害怕的動物是什麼？」很多人可能會回答「老鼠」。這就是一種反覆的經驗，讓直覺迅速做出了判斷，理性思考就缺席了。

因此，讓理性回歸，才能開始規畫未來的行動。若要判斷是不是由於過於相信直覺而缺乏理性，核心的區別就是這個判斷的產生速度有多快。直覺是非常迅速的，因為它無須收集證據，不用充分考慮當下情境中的各個方面。直覺全然來自過往經驗的感受、情緒和本能的連結，所以它直接而迅速。因此，當我們考慮一件事情是否能夠完成時，如果結論下得太快，往往是直覺取代理性的表現。我們可以重新審視當下的情境，回過頭去思考前面的四個問題（見一八四頁），重新奪回理性思考的陣地，再來回答。

反芻思考

主動思索，化被動為主動

⋯⋯

反芻，原本指某些動物進食經過一段時間以後，將半消化的食物從胃裡返回嘴裡再次咀嚼。心理學家用「反芻思考」，來比喻對於我們經歷的某些事情或思維中，某些想法的反覆思考。

反芻思考其實就是為自己反覆講述一個故事。

網路上曾流傳一對情侶因同一件事情寫日記的差異，女性在日記中是這樣描述的：「昨天晚上他真是非常奇怪，我們約好一起吃晚餐，但因為白天我去逛街了，晚上就遲到了一會兒。他看上去很不高興，一直無精打采的。很長一段時間他都心不在焉，對我不理不睬。我開始主動讓步，說：『我們好好聊一聊吧。』他雖然同意，但是依然漫不經心的。我問他到底怎麼了，他只是說沒事。我開始覺得有些緊張，他不會真的生我的氣了吧？我問他，他只是說這不關我的事。回家路上，我告訴他『我愛他』。但他只是繼續開車，一點兒反應都沒有。我有些困惑，他為什麼不再說『我也愛你』了？我們回到家裡，我感覺快要失去他了，因為他已經完全不想理我了。他坐在那兒，只是悶頭看電視，繼續無精打采地發呆，後來我只好自己上床睡覺了。十分鐘後，他才爬上床，我卻發現他一直在想別的事情，他的心思根本不在我這裡！我決定要和他好好談談，可是他竟然睡著了！我只能默默地流淚，後來哭著哭著睡著了。我現在非常確定，他肯定有別的女人了。我感覺天都要塌下來了，我真不知道該如何活下去！」

而這位男性的日記裡只有一句話：「唉！今天義大利隊居然輸了！」

這位女性的日記非常生動且典型地反映了反芻思考，她用伴侶的行為表象，為自己講述了一個故事。這個故事的開頭來自晚餐時伴侶的心不在焉，慢慢發展成「他不愛我」，隨後變成「他心思不在我身上」，進而得出一個結論：「他在外面有女人了」，最終的感受是「天要塌下來，不知道該如何活下去了」。很多具有憂鬱傾向的人，都具有這樣的行為，他們非常生動具體地為自己編寫了一個完整的故事，而故事的結局是「一切都完蛋了」，也因此帶來「我無法活下去了」的感受。

不幸的是，人們更傾向於對痛苦的經歷和悲傷的體驗進行反芻思考。一次工作上的小失誤讓老闆責罵，可能會讓他一週內念念不忘，老闆的每一句話、每一個詞都令他印象深刻。不僅如此，由此聯想的關於失敗體驗的故事，像大部頭的小說一樣可以講述幾百章。遺憾的是，很少有人會好幾個晚上睡不著覺，興奮而愉悅地回顧前幾天的聚會上，自己是怎麼把朋友逗得開懷大笑的。我們不覺得有必要反覆回想一次愉快的約會或主管稱讚我們的具體細節，可是一次糟糕的約會、失敗的表白，或一次主管劈頭蓋臉的批評，就會讓我們好幾天都徹夜難眠。

1 主動反芻思考

最初心理學家的研究發現，反芻思考對於心理健康是一個風險性因素，它不僅會加深人們的情緒困擾，還會對人們的身心健康造成廣泛的威脅。例如，反芻思考提升了人們罹患憂鬱症的可能性，對於已經具有憂鬱傾向的人，它甚至會延長憂鬱發作持續的時間。反芻思考還會在人們遭受挫折時，增加沮喪的感受，它阻礙了問題的解決，並增加酗酒、睡眠障礙和飲食紊亂的可能性，甚至會提升人們罹患心血管疾病的風險。

但是，隨著研究的深入，心理學家發現，並非所有的反覆思索都具有負面作用，也就是說，許多自我反思具有積極的作用。有些研究者依然以「反芻」命名它，並為了區別而將這種積極的自我反思稱為「主動反芻思考」，將以往那種被負面感受渲染、隨消極體驗引導的反思，稱為「侵入性反芻思考」。

自此，人們對於反覆思索這件事情，終於有了折中的看法。它不是治癒人們心靈創傷的神丹妙藥，也並非是使人身陷痛苦中無法自拔的惡魔，它的功能取決於它的具體狀態和性質。當人們隨著情緒的渲染，以自動化的方式，在被動的、沒有積極思索和重新建構的情況下反芻思考時，就會加劇了自己的痛苦。可是，若人們能夠有意識地反覆思考內心的痛苦，以自我覺察和有所控制的方式，用自我反省和分析式的視角，一步步看清事件的原貌，預測可能產生的影響，發掘可以從中吸取的教訓，這種主動的反芻思考才是談話治療的意義所在。

這也是為什麼在諮商中，「單純地呈現」往往不具有療癒作用，需要諮商心理師進行介入才能產生效用。心理師的介入有時候並不是說很多話，而是在談話趨向於簡單的反覆呈現時，對來訪者有所提醒：我們不僅僅需要反覆呈現，還需要思考事件的程序、原因、意義和影響。諮商心理師常用的一個方法是：「我剛才聽你描述了這樣的情形，我很好奇這種情形對你來說意味著什麼？」探尋「意味」就使得來訪者不再是隨情緒而動的被動反芻思考，而是主動的思索。

2 占領舞臺，趕走悲劇故事

侵入性反芻思考難以遏制的原因之一是，它具有自我強化的性質。對某個問題的反覆思索，反而會讓人們更不開心、更難過，而越是難過，人們越想反芻思考。侵入性反芻思考就像是一部以悲劇結尾的戲劇，在心靈的舞臺上一幕幕地上演。

所以談起侵入性反芻思考時，人們認為它是毒藥，它讓個體在負面的情緒和情境中久久徘徊，一遍遍地體驗那些痛苦的場景、記憶和感覺，使人們沉溺在糟糕的感覺裡。這是因為人們任由負面的經驗牽著鼻子走，在一次次的侵入性反芻思考中，那些負面的體驗不是人們主動去回憶和思考，而是由於心靈的舞臺留下了空間，讓那些負面的體驗以史詩般的悲劇故事一遍遍上演。

有些人對一般的負面體驗並不會耿耿於懷，那是因為他們的心靈舞臺正上演著豐富的生活戲劇，使得負面體驗所激發的悲劇原型沒有機會站上舞臺，所以那些過去的挫折體驗很快就被拋諸腦後。

因此當一個人的生活很充實時，就很少被動地反覆沉思那些過去的挫折、悲傷、難過和令人尷尬的事，因為他們沒有舞臺可以上演悲劇故事。

當我們發現自己常常沉浸於負面的體驗、記憶和感受時，往往是因為當下的生活出現了空隙，讓過往的負面體驗像毒藥一樣一點點地滲透到思維中。那麼，面對這樣的侵入性反芻思考時，一個有效的辦法就是分散注意力。

當你沉浸於過往的挫折和痛苦的時候，立刻展開行動，做一些能夠占用你的腦力或者需要集中精神的活動。大量研究顯示，透過從事那些我們感興趣或者需要集中精神完成的事情來分散注意力，可以避免侵入性反芻思考，例如玩遊戲、做有氧運動、拼圖、社交等活動。每當自己開始反覆思考那些讓人痛苦的事情時，就立刻行動，做一些事情來攻占自己的心靈舞臺，侵入性反芻思考的魔爪就難以伸入了。

心理學家發現，經歷交通事故的受創者在每天玩二十分鐘俄羅斯方塊之後，對於事故的回憶會減少，由此引發的創傷反應也會降低。心理學家認為，由於俄羅斯方塊這種遊戲占用了人們的視覺空間，使得人們對糟糕情境的畫面感變得模糊，減少回憶那種真實的衝擊體驗。玩消消樂或其他繪畫遊戲，也能達到同樣的效果。

做哪些事情才能分散自己的注意力，需要根據我們每個人的具體情況來選擇。這個過程可能需要反覆試驗，才能準確評估各種活動或遊戲對侵入性反芻思考的干擾效果。這需要你進行覺察和試驗：

1. 首先列出自己最可能出現侵入性反芻思考的時間、地點和發生的情況。
2. 針對每種情境，盡可能列出一些可以選擇並能夠持續較長時間的，可分散注意力的活動。
3. 去試驗各種活動，為每種活動分散注意力的效果進行評分，最終挑選出適合自己的活動。

3 在舞臺上重述歷史

前面描述了如何應對生活中的挫折帶給人們的侵入性反芻思考的辦法。但是，有時候人們可能會面對一些更激烈的情緒狀態，例如侵入性反芻思考經常會引發強烈的憤怒情緒，有時候甚至讓人擔心無法控制自己的行為，進而做出衝動的事情。這時，憤怒之火熊熊燃燒，爆裂的火花讓我們無法迴避，也很難透過轉移注意力的方式擺脫無盡的困擾。

挫敗感帶給人們的是低落的體驗，讓情緒往下走，會陷入憂鬱、靜止、麻木的狀態，與此相比，憤怒、焦躁等情緒狀態是向上走的，侵入性反芻思考會使人陷入更強烈的衝動狀態中。這會使人們對於最溫和的「挑釁」反應過度，以至於對周圍的很多事情都表現得過於警覺或充滿攻擊性。有時候，甚至會把氣出在身邊的朋友和家人身上。

那麼這個時候，真正有效的辦法就是以毒攻毒，主動回憶並有建設性地思索事件的意義。侵入性反芻思考的可怕之處，並不是思考與回憶本身，而是在於「聯想」。從前面日記的例子中可以看到，「聯想」帶來了可怕的結果，但事件的全貌並不可怕。對於處於激烈情緒狀態中的人來說，對事件碎片化的認知，容易引起「聯想」，因此，主動地全面回憶，讓回憶和思考能夠完整還原事件，並重建當下的世界，才是緩解侵入性反芻思考帶來憤怒和焦躁的辦法。

一般來說，侵入性反芻思考帶來強烈的憤怒和焦躁，有以下三個特點。

一是引發憤怒和焦躁情緒的事件在我們看來十分重大。這並不是說事件在客觀上非常重大，而是事件中某些細節或要素，讓我們感覺意義非凡。所以，我們常常在事件發生的過程中，沒有準確和完整地記憶它，而是對某個細節或要素過度關注。比如，受不了被冤枉的人，在主管對自己的整段評價中，著重記住了一句「不中肯」的評價，於是這個人反覆回憶那句話，耿耿於懷，甚至恨不得找主管爭個面紅耳赤。但是，他對於整個完整的事件，沒有一個清晰的記憶，主管的整段評價說了什麼，在他心裡都不重要，甚至他根本不記得。那代表性的一句評價，成為一個對主管不滿和憤怒的符號、印記。每當這個符號、印記浮現出來，他就開始了「聯想式」的反芻思考，想到主管各種不好的地方，於是越發憤怒。

二是當事件成為歷史，人們開始新的一天時，符號與印記似乎永久地留在腦海中。人們從認知上扭曲了事件變化的可能性，比如，上述例子中的人可能會在潛意識中認定，「只要是說出那句話的主管，永遠都不是一個好主管」。

三是我們每個人都存在一些情緒的地雷，只要被他人觸碰，就會爆炸。但是這些地雷被掩埋在底下，在一般情況下我們覺察不到，而當令人憤怒的事情真正發生時，巨大的爆炸所引發的強烈衝擊又會將現場徹底摧毀，無從去檢查到底是哪裡掩埋了地雷。

正是人們不斷反覆的思考和回憶那個事件的片段，所以記憶只停留在那個符合與代表的畫面裡，人們的思維也在負面認知中惡性循環。此時，逃避是很難解決問題的，因此分散注意力的辦法在此不適用，我們需要勇敢面對這件事，那麼就要解決以上三個問題。

具體上該如何做呢？

首先要做的不是重複以往「聯想式」的反芻思考，而是以「還原本來面目」的態度去應對它。我常常用的一個方式是：「還發生了什麼」或「他還做了什麼」。有時候，我們將注意力全部聚焦在引發情緒的某個細節上，那麼問一問「還發生了什麼」，有助於把整件事情的全貌看清楚。這麼做的目的是找出積極意圖。有時候，我們對他人的解釋聚焦於某個細節上時，往往會扭曲他人的意圖，進而造成誤解。運用「還發生了什麼」或「他還做了什麼」這兩個問題，能夠幫助我們更客觀地看清事件的全貌，找到他人的積極意圖。

接下來，你需要對情緒進行重構，這是最有效的情緒調節策略之一。情緒重構要求你在腦海中改變情緒的含義，更積極地解釋各種事件。每當我異常憤怒時，常用的一個方式是：「這是上天派傻瓜來考驗我了」。我不僅用這樣的自我對話發洩了情緒，狠狠地罵了對方，同時還把注意力放在「考驗」上面，有一種「天將降大任於斯人也」的感受，讓自己重新聚焦於我的使命和職責，心中彷彿有了一些崇高感，憤怒的情緒立刻就會有所緩解。這麼做的目的是從負面情緒中找出成長的機會。

最後一步，當我看清事件的全貌，發現那些令我憤怒的人和事依然是那麼令人煩心時，我們可以轉變另一種態度：將這些事情，看作是需要改變的不良現象，這些人是需要心理幫助的人。要做到這一點，首先需要自我賦能，充分信任自己的感知能力和對世界的理解。然後，抱著慈悲的心態去為他們祈福。

在心靈的舞臺上，我們能夠改變侵入性反芻思考上演的悲劇。

停止「全部都完了」的思維模式

1「那又怎樣呢？」

人們常常被腦子裡喋喋不休的自我對話給嚇著。

我曾經由於工作的關係，常常與小學低年級的孩子和家長打交道，這個階段的家長有一個共同特點——特別焦慮。有很多家長常常問我：「孩子不願寫作業怎麼辦？」「孩子早上不起床怎麼辦？」「孩子一玩手機就停不下來怎麼辦？」

一直以來，我都想告訴家長：「什麼都不要做。」可是家長常常會瞪大眼睛，一臉震驚地看著我，他們用不可置疑的語氣告訴我：「什麼都不做，孩子會為所欲為。」我每次都想說：「那又怎樣呢？」可是想想他們真誠求教的樣子，我硬生生地忍回去，換一種好奇的語氣，詢問他們：「孩子會怎麼為所欲為呢？」他們一臉「你終於回到正題」的欣慰表情，然後告訴我：「孩子真的會不交作業啊！」「孩子會遲到。」「孩子會一直玩，停不下來。」最後，家長都會問一句：「所以，我到底該怎麼辦啊？」

每當家長把話題轉向「怎麼辦」的時候，我都回答那一句：「那又怎樣呢？」家長往往會順著之前的思路繼續說：「這才小學一年級，就不寫作業，總是這麼拖延，這樣下去還了得？」「那又怎樣呢？」「這麼下去，孩子的成績會越來越糟啊！你看他才小學一年級，就不寫作業了，到了中年級、高年級，他的成績還能看嗎？那他能考上好高中嗎？上不了好高中，大學學測怎麼辦？他以後進入社會後怎麼辦呢？」很多家長都有這樣的傾向，會因為孩子當下的一個表現，把事情想像得越來越糟糕，他們將這樣的想像當作無比真實的「事實」。

網路上流傳一個案例。一位母親來做心理諮商，向諮商心理師說起她上高中的兒子，讓她擔憂和焦慮到不行。她擔憂的問題包括：學習不認真，上課注意力不集中，貪玩，有一門功課不及格等。心理師會問她：「那又怎樣呢？」

她說：「那就考不上好大學啊！」

諮商心理師接下來用「那又怎樣呢」進行了連環一百問。隨後她向心理師講述一個差不多每個人都聽過一百遍以上的故事：現在不認真學習，就會考不上好大學，就會找不到好工作，就會找不到對象，就會過得很辛苦等。

顯然這個邏輯裡有很多問題，生活中不只有這幾種選擇和境遇，人生的每時每刻都在選擇；辛苦與否、幸福與否是一個抽象概念，它可能隨著生活的前進，每時每刻都在變化。我們把當下的一個行為和跡象，看成是未來決定性的因素，這是「糟糕至極」思維模式。

這不僅存在於媽媽對孩子的期望中，許多成年人對自己的人生也有這樣的邏輯。彷彿一次失敗、一件事沒做好，就會遭受終生毀滅性的打擊一樣。

可是事實是，走點兒彎路並不會讓你的人生糟糕至極。

如果想要判斷一下自己是否有「糟糕至極」思維模式，可以在自己因為某些事情感到情緒不佳時，用「那又怎樣呢」對自己進行連環一百問，如果問不下去了，或發現自己提供的答案是「也沒怎樣」或「不過如此」時，你大概會發現自己的情緒也不那麼糟糕了。或許你還會有些煩躁或難過，但那已不是你不能承受之苦了。而如果這一百問讓你編出了一個世界觀宏大的長篇故事，就代表你的思維中「糟糕至極」的想法非常強大。

2 「壞事總會發生」

「壞事總會發生」似乎是一個植根於我們基因中，來自遙遠祖先的集體潛意識。由於遠古時期，人類的生存能力低下，熱帶叢林中的一隻小蚊蟲或許就會要了人命，更何況要直接對抗猛獸的襲擊、毫無徵兆的自然災難、採集捕獵時可能出現的各種意外等。諸多的不確定性，讓人們對於未知充滿恐慌和防禦之心。所以，往壞處推斷，是一種人類思維中的無意識習慣，特別是對於威脅的感知，現代人類依然非常敏感，絲毫不比早期人類退化太多。只是現代城市將人們保護得非常安全，威脅的信號已經少了很多。儘管如此，人們依然常常產生「誤會」，將安全處境中的信號理解成「威脅」。

在實驗心理學中有一個概念叫「虛報」，是指當特定試驗刺激並沒有出現時，受試驗者做出了正向報告。「壞事總會發生」是對於「壞事」出現的虛報偏差。人們容易對於威脅異常敏感而出現虛報的情況，虛報的次數多了，人們會開始懷疑自己的情緒感知系統，對於自己能否發現威脅，感到不確定。因此，人會變得更加謹慎，虛報的次數越來越多，進而感覺到似乎生活中處處是威脅。

有一次晚上十一點，我走在回家的路上。從地鐵站到我家樓下有一段幽暗的小路，路上沒有任何人，一片寂寥。我快步往前走，突然看到地上有一個彎曲盤繞的物體，在一陣寒風中它扭動了一下，我的第一個反應就是——那是一條蛇。那隨風的一扭，把我嚇了一跳，可是隨後它就靜止下來，再沒有動。我站在原地等了半天，彷彿時間都靜止了，不知道究竟等了多久，我才開始懷疑，它或許不是蛇。當我鼓起勇氣慢慢靠近，結果發現那只是一段被黑色塑膠袋裹著的樹枝，被風吹動了一下。

可是直到回到家裡，那驚險的一幕仍在我的腦海裡久久徘徊，揮之不去。我很驚訝自己對於危險情境如此敏感和多疑，而且當這個情境消除之後，內心的緊張感還如此深刻，久久不能平息。我開始理解，人們對於「壞事總會發生」的一種本能的準備。在這種準備好隨時做出行動的狀態裡，事情變壞的跡象是非常容易被人們捕捉到的。

在日常生活中，不僅是威脅和危險容易被捕捉，事情的負面跡象也容易被人們捕捉到。有一個很經典的故事：當媽媽下班回來，看到孩子正在玩手機，那麼在媽媽眼裡，孩子一整天都在玩手機；當媽媽下班回家，看到孩子正在寫作業，那麼在媽媽眼裡，孩子剛剛開始寫作業。這種對事情的負面虛構，是許多人基因裡對「壞事總會發生」的一種演繹。

在電影《終極追殺令》（*Léon*）中，殺手里昂第一次遇見小女孩時，小女孩的父母正在瘋狂地毆打她，並將她趕出門外。他們在樓梯口相遇了，小女孩問里昂：「人生總是這麼痛苦嗎？還是只有小時候是這樣？」里昂冷峻地回答她：「總是如此。」影片中的這一幕在許多人心中留下深刻的印象。很少有人思考這簡短的對話為何能夠如此戳中人心。因為很少有人會向內探索到如此的深度，能夠真切地理解和覺察自己「壞事總會發生」的那個隱祕基因。

覺察到這種本能傾向，並不能讓我們改變它，但是這會使我們在面對自己有偏差的虛報時，觀察到這一切，而不至於被過度地演繹、一步步被帶入「糟糕至極」的想法裡。

3 「這對你來說意味著什麼？」

每當來訪者向我訴說「全部都完了」的時候，我都會嘗試解構這句描述：「全部」到底代表什麼？「完了」又是什麼意思呢？於是，我往往會用這個提問來引導他們解構自己提出的這個概念：「這對你來說意味著什麼？」

很有意思的是，不同人嘴裡的「全部都完了」所代表的含義是截然不同的。當人們道出一個糟糕的感嘆時，其實是對細微世界中微妙感受的一種概括。也就是說，「全部都完了」是一個概念，它就像「水果」這個概念一樣，是一個抽象無實體的內容。當朋友說他想吃水果的時候，你一定會問他想吃什麼水果。同樣地，當我們說出「全部都完了」的話時，也需要向下探索，「究竟發生了什麼情況？」

有的人從來不說吃水果，而是直接說：「我想要吃樓下水果攤上五塊錢一斤的進口香蕉。」當你把抽象概念具體化時，歧義就不存在了，溝通的效率就會提高。同樣地，我們面對糟糕的情緒感受時，也需要把「全部都完了」這個抽象的概念具體化。

這個過程有時候並不容易，有些人會在一些次級概念中兜兜轉轉，找不到具體實物。他們會說，考不上研究所全部都完了、工作不順利全部都完了、孩子不寫作業全部都完了、總是和伴侶爭吵全部都完了。這依然是一個概念，考不上研究所、工作不順利、孩子不寫作業、和伴侶爭吵是一種現象，它依然只是一個概念。我們可以繼續向下追問：「這對你來說意味著什麼呢？」

在諮商的過程中，我這個撒手鐧屢試不爽，總是能讓人們從抽象概念進入個人化的具體領域。例如，我們為什麼會認為考上研究所是重要的？如果不讀研究所，就會在社會經濟地位上落後於他人，這些觀念是如何形成的？在這個觀念形成的過程中，有哪些人發揮了怎樣的作用？一一去解構「考不上研究所，人生就完了」這個觀念的前世今生，有些人會慢慢發現自己原來是在不斷滿足父母的期望，以獲得父母的關愛；有些人會漸漸發現自己原來見證了父母辛苦一生，每當父母遺憾之時總會感嘆當年要是多讀書就好了；有些人會認識到，考上研究所是和初戀對象的一個約定等。

在不同的解構之下，「完了」所代表的含義完全不同。

解構之後的具體體驗，是深邃的、通透的，而不是瀰漫擴散的、抽象的。它會像一根針一樣，刺痛我們身體某個非常具體而微小的部位，而不是瀰漫全身的一種不可名狀的難受。當具體的刺痛如此清晰可見時，糟糕至極的想法大概已經站不住腳了。

若要破除「糟糕至極」思維模式，可以從兩個截然相反的方向來進行：

1. 當我們糾結在具體的現象中不可自拔時，用「那又怎樣」連問自己一百次，讓自己去發現「糟糕至極」的想法全貌。

2. 當我們腦海裡瀰漫「全部都完了」的想法時，用「這對你來說意味著什麼」連問自己一百次，讓自己解構「全部」和「完了」分別是什麼意思。

第4章

情緒之外的三個故事

——人際關係是情緒困擾的起源

除了情緒之外，我想談的是關於人與人之間的關係。人際關係雖然是一個脫離於情緒的話題，但是它和我們每個人的情緒又息息相關。歐文．亞隆在《生命的禮物》中寫：「準確地同理」不但是治療師的重要特質，對患者來說也同樣重要，我們必須幫助患者發展對他人的同理心能力。記住，我們的患者會來做治療，通常是因為他們缺乏成功發展和維持滿意人際關係的能力，許多人不能夠同理他人的情感和經驗。

情緒的困擾，脫離不開人與人的關係，而人際關係的問題往往反映著人們情緒困擾的來源，所以對人際關係原則的探討，可以幫助我們理解情緒困擾的起源。

「讀心術」猜想

歐文．亞隆在他的著作《生命的禮物》和《媽媽和生命的意義》中，兩次講述了同一個經典的心理治療案例。

主角是亞隆的患者，一位身患乳腺癌的女士。她從少女時期起，與父親的關係就十分糟糕，她非常反感父親面對自己時批判一切的態度，她一直為此盡力反抗，但是在內心深處，她仍希望與父親的關係能夠有所緩和。所以，當父親要送她去上大學時，她非常珍惜那一段同行的路程，那是她和父親為數不多的可以單獨相處的機會。路途中，父親不斷抱怨路邊的小河多麼髒亂，但是她看到的卻是完全不同的景象——路邊是一條清新、令人愉悅的小溪。她完全沒辦法回應父親，結果一路上他們彼此看著窗外，互不理睬。

很多年之後，父親已經去世，她在一個偶然的機會下再度走上那條路。這次，父親已經不在了，她成了司機。她驚訝地發現，路的另一邊與坐在副駕駛看到的景象完全不同，的確如父親所描述的那樣，是一條堆滿垃圾、髒亂不已的小河。她悲傷地告訴亞隆：「當我學會從父親的視窗看世界的時候，已經太晚了，父親早已不在了。」

亞隆另一個有趣的案例也帶給我相似的啟發：一位女士申請免費諮商，亞隆突發奇想讓對方每次都寫諮商小結，記錄諮商過程中沒有表達的感受，以此做為免費的條件。幾個月之後，亞隆發現，他們似乎經歷了完全不一樣的諮商過程。亞隆說：「我的文雅、超凡的解釋，她根本就沒聽到。她所看重的是一些我很少注意到細節：我對她衣著、外貌，或者寫作的讚揚，我因為遲到幾分鐘而做出的笨拙道歉，當我們角色扮演時我對她的揶揄等。」

如果留心觀察，我們的生活中常常發生這樣的事情。最常見的情況是，我們總認為，每個人都應該會「讀心術」，就像亞隆驚訝於「我的文雅、超凡的解釋，她居然根本沒聽到」一樣。

「我都已經表現得那麼明顯了，難道他還是不知道我生氣了嗎？」

「我那麼辛苦地工作，回來還要陪他寫作業，他怎麼一點兒都不體諒我！」

「我只是想找個人訴苦，可是對方一點兒都不明白我的心，總是告訴我應該怎麼做。」

……

面對我收到的一些私人信件，我很難理解其中的含義。比如，有人在私人信件中寫道：「放假回家，我們說了再見。她跟我說一些話的時候還抱了我一下，我不喜歡這樣，但想想造成這樣的結果也有我自己的原因，所以我當時沒有表明自己的態度。」

讀著這些沒頭沒尾的資訊，我不禁浮想聯翩：寫下這些文字的是一位男生還是女生呢？他／她多大年紀？抱他／她的異性又是什麼樣子的？他們是什麼關係？他們共同經歷了什麼？來信者為什麼要向我說這段話？我像一個偵探一樣，想要從字裡行間尋找到蛛絲馬跡，以便瞭解在螢幕前敲下鍵盤向我講述這段話的人，思考對方在面臨什麼、有什麼感受，再嘗試回答上述的問題。

可是，我常常會放棄偵查，因為再明顯的跡象都只是猜測，不一定是現實。所以，我總是會詢問：「你想問我什麼嗎？」此時，對方回覆說：「是不是你猜不到？還是你覺得我自己說出來會比較好？」

面對這樣的私人信件和對話，之前會讓我有些慌亂，但現在我慢慢地能夠平靜下來應對。因為我發現，這是人類的共同天性：對於自己身上發生的事情，每天每時每刻經歷的事件，我們太習慣了，覺得這是「理所當然」的，以至於我們會「理所當然」地覺得，別人也應該「理所當然」地知道，並且理解這些事情。

有一段時間，我經常參加一些小團體，每當新加入一個團體，我們都需要做自我介紹，讓大家彼此認識。有些團體在自我介紹之前，沒有人規定介紹的方式，大家能夠暢所欲言。所以我發現，有相當多的人會說一大堆自己的標籤和特長，最後忘了說自己的名字。

自己的名字對每個人來說，都太「理所當然」了。自己的名字被叫了二十多年、三十多年了，在我們的世界裡，這是一條「宇宙公理」，所以就變成了自我介紹中的廢話而被省略了。可是，我們忘了，「我叫〇〇〇」這條「宇宙公理」，僅存在於我們自己的小宇宙中。

在人際關係中常常出現的一個困境是，人們在潛意識中總認為自己或者他人懂得「讀心術」，進而將某些可能需要溝通和表達的資訊給省略掉，認為某種默契或理解的達成是理所當然的。在這種自以為的默契與現實中，和對方並沒有達成互相理解狀態的錯位，是人與人的關係中最大的阻礙之一。絕大多數關係中的誤解、矛盾、衝突，甚至決裂，都源自於人們潛意識中的「讀心術」猜想。最可怕之處在於沒有人意識到自己持有這樣的觀念，甚至很多人會覺得：這不是理所當然的嗎？難道還要考慮？

「讀心術」猜想的根源來自人的自戀。在我們和他人的溝通中，當自我意識過於膨脹時，人們會把自己對於世界的理解，對於人際關係中各種細節的感知，當作是這個世界的標準或人們都會遵循的一套規則，所以我們理所當然地認為，別人也會如此感知。

這種傾向不只存在於誇大自我的時候，在自我削弱時也會出現，人們會覺得自己剛才的表現是窘迫、笨拙、不受人喜歡的，於是他們完全不顧他人的評價和觀點，自顧自地就自嘲起來，並且非常肯定大家都不喜歡他，若你表達出不同的意見，他會覺得你在假裝客氣、不真誠。讀心術的使用者，對他人的回饋是完全拒絕的，他們完全相信自己對他人的理解，他們常常說的一句口頭禪是：「你一定也是這麼想的。」

意識到人際關係中可能存在的「讀心術」猜想，將有助於我們與不同的人建立更真實的關係，因為我們不再用自己虛構的他人形象來和自己對話，而是真正傾聽他人的表達了。

對抗「讀心術」猜想的方法就是去聽，真正聽到他人告訴你的事情，聽到他人對你的看法和感受。身患乳腺癌的女士若能夠保持一個傾聽的狀態，聽到父親對於小河的抱怨，而不是帶著一個判斷（我看到的小河這麼好，他一定是想和我作對），這位女士或許就能夠在父親有生之年，擁有一次和父親在感受層面達成理解的機會。

真心話大冒險

近年來桌遊非常流行，人們在聚會上總喜歡一起玩「狼人殺」。遊戲中有兩種懲罰讓我覺得很有意思，一種是罰酒，另一種是真心話大冒險。其實這兩種懲罰是同一種性質的，就是讓人敞開心扉，進行更多的自我表露。在酒桌上，酒後吐真言是有道理的，我不只一次聽到人們說，喝幾杯後，我跟你講講我的真心話。

可是在這種場合下，用一套無序的表達規則來強行破除我們的社交面具，除了給人帶來窘迫感，似乎並不會拉近人和人的關係。因為沒有人在第二天酒醒之後，會覺得昨天夜裡酒後吐出的真言，讓自己和在場的人關係更親密了。人們往往是後悔自己說了一些不該說的話，甚至有時候都不記得自己說了些什麼，他們會小心謹慎地試探著問一起喝酒的朋友：「昨晚我沒有說什麼不該說的話吧？如果說了的話，你不要當真啊。」真心話大冒險更是一件令人直接陷入窘境的懲罰方式。

它原本的默認設定是，當我們逐漸卸下面具，開始表露更多的真心時，人與人的關係應該更親密，可是為什麼這麼做的時候往往事與願違呢？為什麼這個原本應該拉近關係的遊戲環節，反而變成了一個危險的遊戲？

其實，參與者之間會變得尷尬，是因為這場遊戲的應用場景不對。公開場合的自我表露只會令人尷尬，而私人交流時的自我表露才是增進情感連結的法寶。

有朋友向我抱怨，最近他在某社群媒體上很少被人右滑（喜歡）了。

我說：「難道這是最近才發生的嗎？以前很多人右滑你？」

他說：「以前也不多，但是有，最近是一個都沒有了。」隨後，他給我看了看他的大頭照，問我是不是這個大頭照的問題。

我說：「是，但也不是。不過你確實可以去找個照相館認真拍一張。」

對此他表示不滿。

隨後他向我講述了之前幾次互相右滑，約對方出來一起吃飯的經歷。無一例外，想發展的感情全部無疾而終。

他說：「那幾個人都不太適合。」

我說：「彼此適不適合不是應該在線上先深入瞭解，搞清楚了再約見面嗎？」

朋友卻認為線下瞭解才會深入。

我好奇地問道：「那線下你們瞭解了什麼呢？」

朋友說：「瞭解了彼此是做什麼工作的、哪裡人，隨便聊了些電影什麼的吧。」

隨後我問了一個關鍵的問題：「你們談過上一次令自己感動流淚的時刻嗎？」

「什麼？」朋友很不解。

我一直覺得，「切莫交淺言深」的職場規則，讓我們越來越不會交友了，這和我們在聚會上過分地玩危險遊戲有關。這似乎代表打開心扉去表露真心話是一個危險的事情，它並不能讓我們感覺到和他人越來越親近，反而讓我們覺得有些羞恥。可是偏偏在私人交往的時候，表露自我才是拉近關係的黃金法則。

心理學家有一項研究顯示，當A向B表露更多自我內心體驗時，A對B的評價會更高，更容易產生好感；同時，當A向B表露更多自我的內心體驗時，B對A的評價也會更高，更容易產生好感。這代表了說真心話確實能夠拉近人們的距離，讓人們互相產生好感。關於親密關係的研究中，更有研究者發現，異性之間透過互相自我表露，會提升彼此的信任感，甚至會產生愛情。

這說明，人與人之間交心的關係，確實會令人產生舒適的體驗。但是面對危險的遊戲，這兩種不同的表露方式，為什麼結果差異這麼大呢？一方面，是因為在社交場合下展露自我，觀眾太多，沒有一個訴說的對象感，每一個人都不覺得那段自我表露是說給自己聽的，自然就像看笑話一樣，看著接受真心話懲罰的那個人出醜了。而在雙方溝通的場景下，更多的自我表露，有一種訴說與傾聽的對象感，人們覺得對方只說給我聽，也就聽得更認真，更容易進行自我涉入，且不時地參與到話題中，表達贊同、反對，或發出其他的評價和感嘆。另一方面是因為，這種對話會產生一種私密感，讓人們覺得自己享受的是對方賦予的特權。

但是，表露自我永遠存在風險，因為人們無法得知傾聽的那個人是否能夠理解自己的表達，能夠接納一個獨特的他人。所以這依然是一個危險的遊戲，但又是讓我們在人群中找到歸屬的方法。

孤獨與控制

一週之內，我第三次走進某家餐廳，只是因為它的第二份半價促銷活動可以買奶茶與小點心。我在靠窗的位置坐下，晚餐時間這裡的人很多，服務生正在為一對情侶找位置，她盯住了我所落座的四人桌。儘管我感覺不舒服，還是禮貌地讓給了這對情侶，接受服務生的安排，與陌生人併桌。坐在我對面的是一個男孩，鬍子拉碴、精神萎靡像剛失戀一般。他把手機橫過來，沒有戴耳機，不停地按手機右下角，看起來是在打「王者榮耀」。我有點兒想跟他搭訕，問問他打什麼位置，哪個段位了。但是我忍住沒說。

我一邊吃飯，一邊戴著耳機聽一個月前買的付費課程。課程講到在電影《岡仁波齊》中，人們在朝聖的路上，對待生命無常的態度。這是一部我一直想看的電影，可惜沒人陪我去看。有一天晚上，我獨自在家，用投影機播放這部片子，電影放到十分鐘左右，我就關了。當時是什麼感覺我記不清了，現在我猜想，可能是無法承受看完電影後表達慾像氣球一樣充滿，卻沒人傾聽的事實。

說到傾聽，我想起我的諮商心理師，我已經有半年多沒見到她了。但是我很清晰地記得她優雅的樣子，正襟而坐，說話簡潔、清晰、溫柔。我幾乎不記得那四十多個小時，我們談了些什麼。我印象中最深刻的，是每次諮商結束後，我走在SOHO東區高高低低的建築群裡，在初升的月光下孑然而立的場景。有時候，我會去SOHO的網紅奶茶店排一個多小時的隊，買一杯奶茶，有時候會去一家長沙米粉店吃一碗家鄉的味道。

但是，每次諮商結束後，我必須要做的一件事情就是打電話給女朋友。我會告訴她今天在諮商中的感受和想法，告訴她我在當時很想做出的改變和實現的願望。那兩年，我都在電話裡跟她說過什麼，我現在一點兒也不記得了，我相信她也不記得了。但是那種感覺我一直很熟悉，當你和一位諮商心理師深談自己內心裡最隱祕的感受和體驗之後，再突然被拋到一個偌大的商店街上，光影綽綽、人潮湧動，你特別想繼續表達，可是開不了口。唯獨可以說的話僅僅是「給我來一碗牛肉米粉」。

那一刻，我特別想與他人融合。每當這種感受達到高峰的時刻，我就會意識到那份孤獨。

我們每個人都必然要和自身的孤獨共處。

儘管在很多時候，我們都可以獲得重要之人的陪伴。

說起重要之人的陪伴，我會想起陳奕迅的那首《單車》。從高中開始，我每次聽都會忍不住流淚。它描述了一個非常簡單的場景，作者的父親對自己很嚴格，他們很少有親密的接觸，在作者的記憶中，最美好的回憶是兒時在父親的單車後座上，用手抱住爸爸的腰。

父母的陪伴或許是很多人一輩子中最珍貴的記憶，對此我的記憶卻非常貧乏。當然，這也讓我避免了父母的控制，我沒有終其半生在與父母的控制和權力做抗爭。在我見過的許多來訪者身上，都有過將極大的精力花費在與父母抗爭的經歷。前段時間有一則新聞在網路上引起廣泛討論：一位北京大學的留美碩士在網路上發表萬字長文，控訴父母的過度控制，他用十二年不回家的行為，表達了自己與父母抗爭的堅決。

儘管我從未體驗過父母的控制，但父母的「不控制」也常常讓我感到迷茫和恐慌。我並沒有比那位留美碩士更有安全感，因為我很擔心有一天我從懸崖跌落時，沒有人能夠接住我。這似乎是一個死結一般的悖論。過於緊密的親子關係，讓人窒息想逃；而過於疏離的親子關係，又讓人恐慌，不知道家在何處。

尼采認為生命就是權力意志，在人與人的關係中不可避免地存在權力的爭奪。他的超人理論認為，生命的原則就是使用暴力、掠奪、征服及踐踏異己者和弱者。儘管這種說法極端又偏激，卻道出了一個難以迴避的現象：當這個世界上存在不同的人的時候，到底要聽從誰的意志呢？強者消滅弱者聲音的情況，必然會存在。在親子關係中，若父母和孩子的意志出現不同，那必然是父母消滅孩子的聲音，塑造孩子的行為，讓孩子的發展遵守父母的意志。當一個群體中，出現不同聲音的時候，領袖會發出自己的意志，指引人們前進。

所以，當我們想要和他人靠近時，必然出現權力的讓渡。只是成人之間的權力讓渡可能更溫和自然，我們能透過協商解決，並且隨時都擁有選擇權，可以選擇進入一段關係，或結束一段關係。可是，選擇結束關係意味著陷入孤獨，當然這也是一種選擇，但事實是，兩種選擇都有我們要承受的某種失去：失去親密或失去某些權力。

但是，你也可以從積極的角度去看，這兩種選擇都是獲得：得到親密或得到權力。身為影響世界的傑出哲學家，尼采選擇了獲得權力，他用自身絕對的自由創造了偉大的哲學理論，也有很多與他類似的偉大人物做出類似的選擇。但對於大多數普通人來說，或許選擇親密而讓渡部分權力，是更溫和而現實的選擇。只是我們要意識到，雖然人們必然會讓渡權力來換取親密，但在這個過程中，依然存在無限的選擇。因為你可以透過選擇那個分享權力的人，來決定你該讓渡什麼樣的權力，獲得怎樣的親密。只有當你選擇那些自己願意讓渡的權力，並且換取到了你想要的親密，這種關係才是健康而長久的。

對於無法選擇的關係，人們可以嘗試改變，但終究要學會接納。有一次，我很想和父母說說真心話，告訴他們我心裡對待工作、情感、婚姻和其他重要事情的真實感受。我花了半個多小時寫了一大段話，但職業習慣讓我用同理心設身處地想了想父母看過之後的感受和想法，然後，我立馬刪除了一切。我們依然保持著各說各話的交流方式。漸漸地，我開始學習和「父母的缺席」這個事實共處。

與他人融合，就是在讓渡權力與獲得親密的過程中實現的。

它幫助我們驅趕孤獨，同時也幫助我們在很多脆弱的時刻獲得支持、獲得成長。

附錄

情緒詞表

基本情緒

喜（快樂、高興）

高興：愉快、興奮。

開心：心情快樂、舒暢。

快活：快樂。

快樂：感到幸福或滿意。

慶幸：為事情意外地得到好結局而感到高興。

舒暢：開朗愉快；舒服痛快。

舒服、**舒坦**：精神上感到輕鬆愉快。

爽快：舒適痛快。

甜美：愉快、舒服。

甜蜜：形容感到幸福、愉快、舒適。

痛快：舒暢、高興、盡興。

喜出望外：遇到出乎意料的喜事而特別高興。

暢快：舒暢、快樂。

喜悅：愉快、高興。

喜滋滋：內心很歡喜。

心花怒放：高興極了。

心曠神怡：心情舒暢，精神愉快。

幸災樂禍：在別人遭到災禍時，自己心裡高興。

愉快：快意、舒暢。

歡暢：高興、痛快。

歡快：歡樂、輕快。

歡喜：快樂、高興。

豁朗：心情開朗。

可喜：令人高興，值得欣喜。
快意：心情爽快舒適。
寬暢：心裡舒暢。
狂喜：極度高興。
舒心：心情舒展、適意。
怡然：形容喜悅。

怒（憤怒）

憤慨：氣憤不平。
憤怒：生氣（激動到極點）。
惱火：生氣。
氣不過：看到不平的事，心中不服氣。
氣憤：生氣、憤恨。
憤激：憤怒而激動。

惱怒：生氣、發怒。
激憤：激動而憤怒。
氣惱：生氣、惱怒。
盛怒：大怒。
震怒：異常憤怒，大怒。

哀（悲傷、悲痛；憐憫）

悲哀：傷心。
悲傷：傷心難過。
沉痛：深深的悲痛。
傷感：因感觸而悲傷。
傷心：由於遭遇到不幸或不如意的事而心裡痛苦。
痛苦：身體或精神上感到非常難受。
慘然：心裡感覺悲慘。

痛心：極端傷心。

心酸：心裡悲痛。

悲苦：悲哀痛苦。

悲酸、**悲辛**：悲痛辛酸。

哀傷、**哀戚**：悲傷。

哀痛：悲傷、悲痛。

悲愴：傷心難過。

慘苦：淒慘痛苦。

苦澀：內心痛苦。

淒慘：淒涼悲慘，令人難過。

傷神：傷心。

酸楚：辛酸苦楚。

痛心疾首：痛恨到極點，令人頭痛。

辛酸：辣、酸，比喻痛苦、悲傷。

懼（害怕、恐懼）

- **膽怯**：膽小、畏縮。
膽戰心驚：非常害怕。
發怵：膽怯、畏縮。
害怕：遇到困難、危險等心中不安或發慌。
驚嚇：因意外的刺激而害怕。
恐怖：由於生命受到威脅而引起的恐懼。
恐懼：懼怕。
受驚：受到突然的刺激或威脅而害怕。
心有餘悸：危險的事情雖然過去了，但回想起來還是感到害怕。
誠惶誠恐：驚恐不安。
惶惶：恐懼不安。
惶惑：因不瞭解情況而害怕。
驚恐：驚慌恐懼。

畏懼：害怕。
畏怯：膽小害怕。
心驚膽戰：非常害怕。
心驚肉跳：擔心禍患臨頭，非常害怕不安。

複合情緒

……

喜愛（對人或事物有好感、感興趣）

入迷、著迷：對人或事物產生難以捨棄的好感。

入神：對眼前的事物發生濃厚的興趣，注意力高度集中。

喜歡：對人或事物有好感、感興趣。

心醉：因極喜愛而陶醉。

傾慕：傾心愛慕。

怨恨（對人或事物強烈不滿或仇恨）

仇恨：因利益矛盾產生的強烈憎恨。
敵視：當作敵人看待、仇視。
敵意：仇視的心理。
妒忌、嫉妒：對才能、地位、境遇比自己好的人心懷怨恨。
反感：反對或不滿的情緒。
可恨：令人痛恨，使人憎恨。
可惡：令人厭惡惱恨。
厭惡：對人或事物產生極大的反感。
憎恨：厭惡痛恨。
抱恨：心中存有讓人痛恨的事。
可憎：可惡。
痛恨：深切地憎恨。
痛惡：極端厭惡。

嫌怨：怨恨、對人不滿的情緒。

嫌惡：厭惡。

嫌隙：因彼此不滿或猜疑而發生的厭惡感。

嫌憎：嫌棄厭惡。

悻悻：怨恨。

憎惡：憎恨、厭惡。

煩惱（煩悶苦惱）

彆扭：不順心。

難受：心裡不痛快。

討厭：事情難辦到令人心煩；厭惡、不喜歡。

窩火：有委屈或煩惱而不能發洩。

窩囊：因受委屈而煩悶。

心煩：心裡煩躁或煩悶。

厭煩：嫌麻煩而討厭。
懊惱：心裡彆扭、煩惱。
懣悶：由於心裡有疑團不能解開或其他原因，感到不舒暢。
懣氣：窩火。
煩擾：因擾亂而心煩。
糟心：因情況壞而心煩。

憂愁（因遭遇困難或不如意的事而苦悶）

擔心：放心不下。
擔憂：發愁、憂慮。
發愁：因為沒有主意或辦法而感到愁悶。
犯愁：發愁。
憂慮：憂愁擔心。
憂鬱：愁悶。

愁悶：憂慮煩悶。
窮愁：窮困愁苦。
殷憂：深深的憂慮。

憂鬱（心中憤恨，不能訴說而煩悶）

壓抑：對情感、力量等加以限制，不能充分流露或發揮。
鬱悶：煩悶、不舒暢。
沉鬱：低沉鬱悶。
陰鬱：憂鬱，不開朗。

自卑（輕視自己，認為無法趕上別人）

無能感：覺得自己沒有能力做事。
自慚形穢：泛指自愧不如。

自餒：失去自信而畏縮。

驕傲（自以為了不起，看不起別人；自豪）

得意：稱心如意，多指驕傲自滿。

高傲：自以為了不起，看不起人。

狂妄：極度的自高自大。

體面：光榮、光彩。

優越感：自以為比別人優越的意識。

自大：自以為了不起。

自豪：因為自己、集體或相關人員，具有優良品質或取得偉大成就而感到光榮。

怏然自足：形容自大的樣子。

自得：自己感到得意或舒適。

自滿：滿足於自己已有的成績。

自恃：過分自信而驕傲自滿。

委屈（受到不應該有的指責或待遇，心裡難過）

抱屈：因受到委屈，心中不舒暢。
冤枉：受到不公平的待遇，被加上不應該有的罪名；心裡覺得不值得，吃虧。

著急（急躁不安）

浮躁：輕浮、急躁。
急切：迫切。
急躁：碰到不順心的事馬上激動不安。
焦急：著急。
焦慮：著急憂慮。

心急：心裡急躁。
心急火燎、**心急如焚**：心裡急得像被火燒一樣，形容非常著急。
心切：心情急迫。
焦躁：著急而煩躁。
情急：因為希望馬上避免或獲得某種事物而心中著急。
心焦：由於期望的事情遲遲不實現而煩悶急躁。

心慌（心裡驚慌）

發慌：因害怕、著急或虛弱而心神不安。
恐慌：由於擔心害怕而慌張。
心慌意亂：形容心神驚慌忙亂。
煩亂：心情煩亂，思緒混亂。
紛擾：混亂。
如坐針氈：形容心神不寧。

忐忑不安：心神不定。

羞愧（感到羞恥或慚愧）

不好意思：害羞。

慚愧：因為自己有缺點或做錯了事、未能盡到責任，而感到不舒暢。

丟臉、**丟人**：丟失體面。

害羞：因膽怯、怕生或做錯了事怕人恥笑，心中不安，難為情。

可恥：應當認為羞恥。

虧心：感覺到自己的言行違背正理。

愧疚：慚愧不安。

靦腆：害羞，不自然。

難堪：難以忍受，難為情。

難看：不光榮，不體面。

怕羞：怕難為情；害臊。

羞恥：不光彩，不體面。

羞辱：恥辱。

抱愧：心中有愧。

愧恨：因羞愧而自恨。

無地自容：形容非常羞慚。

羞人：感覺難為情或羞恥。

羞澀：難為情，態度不自然。

懊悔（做錯了事或說錯了話，心裡自責不該這樣）

悔悟：認識了自己的過錯，因悔恨而醒悟。

懺悔：因過去的錯誤或罪過而感覺痛心。

後悔：事後悔恨。

悔恨：懊悔。

失悔：後悔。

痛悔：深切地後悔。
追悔：追溯以往，感到悔恨。
自怨自艾：指悔恨。

抱歉（心中不安，覺得對不起別人）

過意不去：心中不安，抱歉。
內疚：內心感覺慚愧不安。
歉疚：覺得對不起別人，對自己的過失感到不安。

驚奇（覺得很奇怪）

吃驚：受驚。
好奇：對自己所不瞭解的事物覺得新奇而感興趣。
驚訝：驚奇詫異。

震驚：大吃一驚。

詫異：覺得十分奇怪。

愕然：形容吃驚。

駭怪：驚訝。

驚詫：驚訝詫異。

警覺（對危險或情況變化的敏銳感覺）

警惕：對可能發生的危險情況或錯誤傾向，保持敏銳的感覺。

疑惑（心裡不明白；不相信）

懷疑：疑惑，不是很相信。

可疑：值得懷疑。

困惑：感覺有疑難，不知道該怎麼辦。

茫然：完全不知道的樣子。
迷茫：迷離恍惚。
為難：感到難以應付。
無所適從：不知道依從誰好；不知怎樣做才好。
迷惑：辨不清是非，摸不著頭腦。
迷惘：由於分辨不清而感到不知怎麼辦。
彷徨：猶豫不決，不知往哪個方向去。
疑忌：因懷疑別人而生猜忌。

敬佩（敬重佩服）

敬仰：尊敬仰慕。
敬重：恭敬尊重。
佩服：感到可敬可愛；欽佩。
仰慕：敬仰思慕。

尊敬：重視且恭敬地對待。

欽敬：敬重佩服。

心悅誠服：誠心誠意地服從或佩服。

悅服：從心裡佩服。

尊重：尊敬或重視（個人、集體或有關的抽象事物）

讚佩：稱讚佩服。

讚賞：讚美賞識。

讚美、**讚歎**：稱讚。

崇敬：推崇尊敬。

景仰：佩服尊敬、仰慕。

敬慕：尊敬仰慕。

尊崇：尊敬推崇。

同情（對於別人的遭遇在感情上產生共鳴）

感動：思想感情受到外界事物的影響而激動，引起同情或仰慕。

可憐：值得憐憫。

可惜：值得惋惜。

惋惜：對人的不幸遭遇或事物的意外變化，表示同情、可惜。

心疼：疼愛、捨不得、惋惜。

哀憐：對別人的不幸遭遇表示同情。

憐憫：對遭遇不幸的人表示同情。

憐惜：同情愛護。

痛惜：沉痛地惋惜。

思念（想念）

懷念：思念。

牽掛：掛念。
想念：對景仰的人、離別的人或環境不能忘懷，希望見到。
掛念：因思念而放心不下。
牽腸掛肚：形容非常掛念，很不放心。
眷戀：對自己喜愛的人或地方深切地懷念。
渴慕：非常思慕。
貪戀：十分留戀。

輕蔑（輕視，不放在眼裡）

藐視：輕視、小看。
蔑視：輕視、小看。
輕視：不重視，不認真對待。
鄙視、**鄙夷**：輕視、看不起。
侮蔑：輕視、輕蔑。

滿意（滿足自己的願望；符合自己的心意）

如意：符合心意。
如願：符合願望。
順心：合乎心意。
隨心：合乎自己的心願，稱心。
隨意：任憑自己的意思。
幸福：（生活、境遇）稱心如意。
可人：使人滿意。
愜意：滿意；稱心；舒服。
遂心、**遂意**：合自己的心願；滿意。
遂願：滿足願望，如願。
宜人：適合人的心意。

期望（對未來的事物或人的前途有所希望和等待）

期待：期望、等待。

嚮往：因熱愛、羨慕某種事物或境界，希望得到或達到。

期求：希望得到。

望穿秋水：形容盼望殷切。

殷切：深厚而急切。

失望（感到沒有希望，失去信心；因為願望未實現而不愉快）

悲觀：精神頹喪，對事物的發展缺乏信心。

沮喪：灰心失望。

茫然：失意的樣子。

失落感：與遺失、丟失相關的感覺。

無望：沒有希望。

心寒：失望而又痛心。
失意：不得志。
懊喪：因事情不如意而情緒低落，精神不振。
抱憾：心中存有遺憾的事。
落魄：潦倒失意。
惘然：失意的樣子；心裡好像失掉了什麼東西的樣子。

孤獨（單身無靠，感到寂寞）

孤單：孤獨。
孤立：不能得到同情或援助。
寂寞：孤單冷清。
孤寂：孤獨寂寞。
落寞：寂寞、冷落。

疊加情緒

……

煩躁：心中煩悶不安，急躁易怒。

苦悶：苦惱煩悶。

悲憤：悲痛憤怒。

悲鬱：悲傷憂鬱。

悵惘：惆悵迷惘，沒精打采。

愁苦：憂愁苦惱。

仇怨：仇恨、怨恨。

戒懼：警惕而畏懼。

驚疑：驚訝疑惑。

悶倦：煩悶厭倦，無精打采。

惱恨：生氣和怨恨。

危懼：擔心害怕。

畏忌：畏懼和猜忌。

銜恨：心中懷著怨恨或悔恨。

欣幸：歡喜而慶幸。

羞憤：羞愧和憤怒。

疑懼：疑慮而恐懼。

疑慮：因懷疑而顧慮。

憂煩：憂愁煩惱。

憂憤：憂悶憤慨。

憂懼：憂慮害怕。

憂悶：憂愁煩悶。

怨憤：怨恨憤怒。

厭棄：因厭惡而嫌棄。

未定性情緒

·····

平靜（心情沒有不安或動盪）

安寧：（心情）安定、寧靜。

安然：沒有顧慮，很放心。

安詳：從容不迫、穩重。

安心：心情安定。

安慰：心情安適。

淡漠：沒有熱情、冷淡。

淡然：形容不經心，不在意。

放心：心情安定，沒有憂慮和牽掛。

冷靜：沉著而不感情用事。
漠然：不關心、不在意的樣子。
漠視：冷淡地對待。
寧靜：心情安靜。
輕鬆：沒有負擔；不緊張。
踏實：情緒安定、安穩。
坦然：形容心裡平靜，無顧慮。
心安理得：事情做得合理，對自己和別人都很坦然。
心靜：心裡平靜。
心平氣和：心裡平和，不急躁，不生氣。
鎮定：遇到緊急的情況不慌亂。
鎮靜：情緒穩定或平靜。
寬慰：寬解安慰。
索然無味：沒有意思、沒有興趣的樣子。
泰然：形容心情安定。

閒適：清閒安逸。
自在：安閒舒適。

高昂

昂揚：情緒高漲。
衝動：情感特別強烈，理性控制很薄弱的心理現象。
鼓舞：興奮、振作。
激動：感情因受刺激而衝動。
緊張：精神處於高度準備狀態，興奮不安。
興奮：振奮、激動。
振奮：精神振作奮發。
振作：使精神旺盛，情緒高漲、奮發。
激昂：情緒激動昂揚。
激奮：激動振奮。

激越：情緒強烈、高亢。
亢奮：極度興奮。
忘情：不能節制自己的感情。

低落

消沉：情緒低落。
心灰意懶、**心灰意冷**：灰心喪氣，意志消沉。
黯淡、**暗淡**：心裡不舒服，情緒低落。

頹廢（意志消沉，精神萎靡）

頹靡：頹喪，不振作。
頹喪：情緒低落，精神萎靡。
頹唐：精神萎靡。

萎靡：精神不振，意志消沉。

沉重（分量大、程度深）

沉甸甸：形容沉重。

無聊（由於清閒而煩悶，因為沒有意義而使人討厭）

百無聊賴：思想感情沒有依託，非常無聊。

BH0044

情緒重建

運用九種認知技巧，重新和情緒做好朋友

Emotion Reconstruction

作　者	曾旻
責任編輯	于芝峰
協力編輯	洪禎璐
內頁排版	宸遠彩藝
封面設計	陳文德

發行人	蘇拾平
總編輯	于芝峰
副總編輯	田哲榮
業務發行	郭其彬、王綬晨、邱紹溢
行銷企劃	陳詩婷

出　版　橡實文化 ACORN Publishing
地址：臺北市 105 松山區復興北路 333 號 11 樓之 4
電話：（02）2718-2001　傳真：（02）2719-1308
網址：www.acornbooks.com.tw
E-mail：acorn@andbooks.com.tw

發　行　大雁出版基地
地址：臺北市 105 松山區復興北路 333 號 11 樓之 4
電話：（02）2718-2001　傳真：（02）2718-1258
讀者服務信箱：andbooks@andbooks.com.tw
劃撥帳號：19983379　戶名：大雁文化事業股份有限公司

印　刷	中原造像股份有限公司
初版一刷	2019 年 5 月
初版二刷	2020 年 1 月
定　價	350 元
I S B N	978-957-9001-92-2

版權所有・翻印必究（Printed in Taiwan）
缺頁或破損請寄回更換

國家圖書館出版品預行編目 (CIP) 資料

情緒重建：運用九種認知技巧，重新和情緒做好朋友／曾旻著 . －初版 . －臺北市：橡實文化出版：大雁出版基地發行，2019.05
272 面 ;14.8×21 公分
譯自：Freedom from stress

ISBN 978-957-9001-92-2(平裝)

1. 情緒管理

176.52　　108005709

本書中文繁體版通過成都天鳶文化傳播有限公司代理，
經四川天地出版社有限公司授權橡實文化獨家出版發行，
非經書面同意，不得以任何形式複製轉載。

大雁出版基地
www.andbooks.com.tw